书山有路勤为径，优质资源伴你行
注册世纪波学院会员，享精品图书增值服务

I'M STUCK, YOU'RE STUCK

Break Through
to Better Work Relationships
and Results by Discovering Your
DiSC® Behavioral Style

DiSC® 帮助你改善人际关系，达成卓越成果

[美] 汤姆·里奇　艾伦·阿克塞尔罗德　著
　　　Tom Ritchey　　Alan Axelrod

许江林　译

发现你的行为模式

（珍藏版）

电子工业出版社
Publishing House of Electronics Industry
北京·BEIJING

I'm Stuck, You're Stuck: Break Through to Better Work Relationships and Results by Discovering Your DiSC® Behavioral Style by Tom Ritchey and Alan Axelrod Ph.D. Copyright © 2002 by Inscape Publishing, Inc.

Copyright licensed by Berrett-Koehler Publishers arranged with Andrew Nurnberg Associates International Limited

CHINESE SIMPLIFIED language edition published by PUBLISHING HOUSE OF ELECTRONICS INDUSTRY Copyright © 2023.

本书中文简体字版由 Berrett-Koehler Publishers 授权电子工业出版社独家出版发行。未经书面许可，不得以任何方式抄袭、复制或节录本书中的任何内容。

版权贸易合同登记号　图字：01-2012-0532

图书在版编目（CIP）数据

发现你的行为模式：DiSC 帮助你改善人际关系，达成卓越成果：珍藏版 /（美）汤姆·里奇（Tom Ritchey），（美）艾伦·阿克塞尔罗德（Alan Axelrod）著；许江林译. —北京：电子工业出版社，2023.7

书名原文：I'm Stuck, You're Stuck: Break Through to Better Work Relationships and Results by Discovering Your DiSC Behavioral Style

ISBN 978-7-121-45870-5

Ⅰ. ①发… Ⅱ. ①汤… ②艾… ③许… Ⅲ. ①行为模式－影响－人际关系－研究 Ⅳ. ①C912.11②B848.4

中国国家版本馆 CIP 数据核字（2023）第 133457 号

责任编辑：杨洪军
印　　刷：北京七彩京通数码快印有限公司
装　　订：北京七彩京通数码快印有限公司
出版发行：电子工业出版社
　　　　　北京市海淀区万寿路 173 信箱　邮编 100036
开　　本：720×1000　1/16　印张：15.75　字数：252 千字
版　　次：2023 年 7 月第 1 版
印　　次：2025 年 5 月第 3 次印刷
定　　价：79.00 元

凡所购买电子工业出版社图书有缺损问题，请向购买书店调换。若书店售缺，请与本社发行部联系，联系及邮购电话：（010）88254888，88258888。

质量投诉请发邮件至 zlts@phei.com.cn，盗版侵权举报请发邮件至 dbqq@phei.com.cn。

本书咨询联系方式：（010）88254199，sjb@phei.com.cn。

前　言

"如果我们能真正了解我们所知道的东西，我们将为自己所拥有的知识宝藏而惊讶。"

——伊曼努尔·康德

无论是在学校期间，还是出了校门之后，我们一直在努力学习新的知识，希望这些知识能够给我们带来幸福和成功的人生。我们努力工作，希望能与他人建立友好的关系，能找到我们真心喜欢的工作，能找到值得托付的未来。有时候我们很清楚自己的目标，有时候我们需要且行且思考。无论走在什么道路上，我们总会遭遇困境，而且困境出现的次数比我们想象得要多。为什么会这样？因为人生不是孤军奋战，在前行的道路上需要有人相伴。我们需要他人的理解、关照和协助。同样，我们也需要为他人提供理解、关照和协助。

我最初的职业是老师，在我很小的时候，我就认为自己应该投身教育事业。20世纪70年代初，我在小学教书，很快就成了一名年轻的

发现你的行为模式

校长。我的职业发展走上了正轨，我想我应该全速前进，但形势的发展并非如此。当时我负责收集并归拢来自各类人群（包括老师、管理者、家长、学校董事会及社区）的反馈意见，以往那些曾经帮助我成功的技巧在这项工作中却完全失效了，我陷入了困境。

事情是这样的。当时公共教育正在进行全面改革，对此每个人都有自己独特的想法。但是，我们在沟通方面存在很大的问题，到处都是冲突。我们的员工、家长、管理者每天都把大量的时间投入互相指责中，没有人投入精力去管理孩子们，我一直在想："我们这是在干什么呀？"

我知道，我必须学习一种新的方法，来理解和应对团队和我自己所面临的问题。否则，我们永远也翻不过阻挡在我们面前的砖墙。

有句老话，"学生准备好了，老师就会出现"。当我第一次去参加DISC行为模式研讨会时，我觉得自己就是一个做好准备的学生。研讨会的老师是来自明尼苏达大学的约翰·盖尔（John Geier）博士。盖尔博士对心理学家威廉·莫尔顿·马斯顿（William Moulton Marston）开发的DISC模型进行了深入研究。盖尔博士当时已经开发了一个简单的基于DISC的评估工具，可以对人们偏好的行为模式进行识别和分析。作为一名教育工作者，我对当时学术界盛行的各种心理测试和评估都很了解。所以一开始我很怀疑DISC是否能对这些阅历丰富的成年人有所帮助，因为这些人很了解自己是谁，以及自己想要什么。幸运的是，我错了，我后来认识到DISC确实是一个有真正效果的理论模型。

DISC没有给我贴标签，告诉我属于什么类型。它只是揭示了我面

前　言

对不同的人和情境时我的想法、情绪和与之相关的做事方式。通过对一份简短、基于调研的问卷的作答，我得到了关于我所偏好的行为模式的解释说明。我了解到，我的行为模式就是我的优势，但如果使用不当，也可能变成我的劣势。我可以通过快捷的方式，理解自己为什么总是喜欢采用某种特定的行为模式，同时，我也开始理解其他人为什么喜欢用他们特有的行为模式。

最为重要的是，DISC 告诉了我一个行动过程中的基本定理：如果在前进的路上遇到阻碍，人们有能力通过采取适应性的策略调整找到继续前进的道路，只要我们确实想这么做。

DISC 给我的另一个感悟是：有的人身处困境，但其实这是他自己的选择。我们只要有一定程度的自我意识，并且能理解他人不同的行为模式，我们就可以找到走出困境的途径。

在 30 年前的某个幸运的日子里，我发现了 DISC。我同时发现这是一个很有深度、很简单、容易记忆的工具，它可以帮助我们理解为什么要用自己的方式做事。后来我为我的员工举行了讲座，让大家理解并掌握了 DISC 通用语言。无论是处于顺境还是逆境，我们都尝试着用这种语言进行沟通，分享我们看待事物的方式，告诉他人我们的要求。我们使用 DISC 语言和知识改善了学校内同事间，以及学校与学生、社区之间的关系。

这只是开始。DISC 对我的生活和工作产生了重大的影响，因此我决定投身于一个全新的职业：我成了一名专业培训人士，专门帮助他人成长。我希望无论是在私人场合还是公共场合，我都可以和更多的

发现你的行为模式

人分享 DISC。在最近的 25 年里，我为成千上万人提供了 DISC 模型培训。在最近的 10 年里，我先后担任了 Inscape 公司的总裁和首席学习官。Inscape 公司是 DISC 原始评测体系和个人评测体系的国际出版者。

Inscape 公司一直在对不同的人群进行持续的研究，从而不断优化和完善 DISC 模型。Inscape 公司的 DISC 产品，注册商标为 DiSC，其中字母 I 小写，已经被超过 4 000 万人使用，它被翻译成 7 种语言，应用在世界各地的培训和发展研讨会中。你可以从本书后面的介绍中了解 Inscape 公司的更多情况。

我之所以写这本书，是因为我和我的团队相信，现在是时候向大家介绍我们基于长期调研的 DiSC 评测体系了，不论你所在公司的培训部门目前是否正在使用 DiSC 模型。

我们所处的时代瞬息万变、信息泛滥。在工作中，我们必须学习更多的知识，完成更多的工作，我们相信速度就是一切。但事实上，速度并非就是一切。速度很重要，但人类的天性会迫使我们把节奏慢下来。新技术可以加快沟通的速度，但前提是人们发自内心地想要互相沟通。快速发展的环境要求我们做出快速的反应，什么是最有效的反应方式呢？在急剧增长的全球就业大军中，我们如何把这些海量的信息转化为共通的意思、共有的行为和共同期待的结果？

把 DiSC 作为一种框架吧，在此基础上，你可以进一步完善自己的技能，从而可以快速分析形势，做出合适的反应，对周围环境施加影响，并采取积极的措施。我相信你学到的 DiSC 知识一定可以帮助你走出困境，提升工作和生活中的人际关系。通过了解和发挥自身的适应能力，你可以克服困难，继续前进，以往的经验将会照亮你前进的道路。

不论你是否已经在路上，我相信你接下来的步伐一定会更有力、更坚定。

目　　录

第 1 章　你会经常陷入困境吗 ………………………………… 1
走出困境，哪些招数不管用 …………………………………… 4
看待事物的方式 ………………………………………………… 4
DiSC 工具 ………………………………………………………… 6
视角 ……………………………………………………………… 8
如果人人都和你一样，就不会出现问题了 …………………… 11
让你陷入困境的其他原因 ……………………………………… 12
别再随波逐流 …………………………………………………… 14

第 2 章　使用 DiSC 工具 ………………………………………… 16
聚焦某个特定情境 ……………………………………………… 17
使用说明 ………………………………………………………… 19
得分 ……………………………………………………………… 22
你得分最高的维度 ……………………………………………… 23
识别你的 DiSC 行为模式 ……………………………………… 26

第3章　DiSC结果意味着什么 ·········· 33
DiSC讨论的范畴超越了性格 ·········· 34
两个关键问题 ·········· 35
情境不同，反应就不同 ·········· 38
你是多维度的 ·········· 39
多次使用DiSC工具 ·········· 43
不要给人贴上标签 ·········· 45
没有对错 ·········· 46
了解DiSC行为模式特征，充分发挥自身优势 ·········· 47

第4章　D型（支配型）：直接、果断 ·········· 50
你为团队带来的价值 ·········· 52
容易遭人误解的地方 ·········· 53
需要与他人分享的信息 ·········· 54
需要格外留意之处 ·········· 56
走出困境 ·········· 57
你的底线 ·········· 58
D型在工作中 ·········· 59

第5章　I型（影响型）：乐观、开朗 ·········· 61
你为团队带来的价值 ·········· 62
容易遭人误解的地方 ·········· 63
需要与他人分享的信息 ·········· 64

需要格外留意之处 ·· 65
走出困境 ·· 66
你的底线 ·· 67
I 型在工作中 ·· 67

第 6 章　S 型（支持型）：善解人意、愿意协作 ···················· 71

你为团队带来的价值 ··· 72
容易遭人误解的地方 ··· 73
需要与他人分享的信息 ·· 74
需要格外留意之处 ·· 75
走出困境 ·· 75
你的底线 ·· 77
S 型在工作中 ·· 78

第 7 章　C 型（尽责型）：担忧、纠正 ·································· 81

你为团队带来的价值 ··· 82
容易遭人误解的地方 ··· 84
需要与他人分享的信息 ·· 84
需要格外留意之处 ·· 85
走出困境 ·· 85
你的底线 ·· 86
C 型在工作中 ·· 87

第 8 章　阅人 …… 89

没有人故意制造冲突 …… 90

是真正的讨厌鬼，还是特定情境下的讨厌鬼 …… 91

与他人分享 DiSC 工具 …… 92

读懂他人 …… 94

面对压力时 …… 97

与 D 型风格的人共事时 …… 100

与 I 型风格的人共事时 …… 101

与 S 型风格的人共事时 …… 102

与 C 型风格的人共事时 …… 103

谨慎使用 …… 104

第 9 章　做出你的选择 …… 106

选择 1　什么也不做 …… 107

选择 2　在熟悉的行为模式范围内采取行动 …… 109

选择 3　调整自己，尝试不同的行为模式 …… 111

选择 4　开始对话，寻求解决方案 …… 126

行动计划 …… 128

第 10 章　你的组织是什么风格 …… 134

读懂你的组织 …… 135

D 型组织的信号 …… 137

I 型组织的信号 …… 141

S 型组织的信号 …………………………………… 144

　　C 型组织的信号 …………………………………… 147

　　采取行动 …………………………………………… 151

结束语　轮到你了 ……………………………………… 153

多维度 DiSC 风格 ……………………………………… 156

　　DI 型风格：积极活跃、善于引领 ………………… 156

　　ID 型风格：善于表达、喜欢参与 ………………… 162

　　DS 型风格：自我激励、乐于助人 ………………… 167

　　DC 型风格：依靠自己、善于分析 ………………… 174

　　SI 型风格：愿意支持、处事灵活 ………………… 179

　　IS 型风格：激励他人、愿意合作 ………………… 185

　　IC 型风格：机智圆滑、遵纪守法 ………………… 191

　　SC 型风格：令人尊重、喜欢精确 ………………… 197

　　DIS 型风格：心情愉快、乐于投入 ………………… 205

　　IDC 型风格：自信十足、办事果断 ………………… 212

　　DSC 型风格：认真负责、追求精确 ………………… 218

　　ISC 型风格：呼之即应、周到体贴 ………………… 226

有关 DiSC 的研究 ……………………………………… 233

附加的 DiSC 表格 ……………………………………… 237

第1章

你会经常陷入困境吗

在工作中,你是不是经常陷入困境?有些人是那么难以相处,不管你多么努力;有些事情总是不能如愿完成,不管如何尝试,你总是找不到合适的方法;而有时候你被自己的情绪所控制,感到沮丧、愤怒……

确实,工作中你会受困于各种各样的情境,有些甚至是你以前从来没有想到过的。

困境 1:总是日复一日地做着同样的事情。我们身上都有一种惯性,每天都按照同样的方式工作着。我们对自己的工作方式习以为常,毫不在意,甚至从来不会多想。有时候,这种习惯性的工作方式确实

发现你的行为模式

奏效，它可以帮助我们实现工作目标。但有时候这种方式并不奏效，它无法帮助我们取得预期的工作成果、建立期望的工作关系。我们希望工作结果有所不同，我们的工作方式却一成不变。于是，我们陷入了困境。

困境2：工作中总是遇到那些"难以相处"的人。工作中要是不存在这类人，那该多好！但是，事实上这些"难以相处"的人无处不在，他可能就是你的经理、助理、同事、团队成员甚至客户。你们之间可能沟通不畅，存在误解，因而关系总是非常紧张，有时候甚至到了剑拔弩张的地步。你们的行为模式仿佛经过预先排练的一样，只要你主张A，他一定主张B，两个人谁都不肯让步。于是，你陷入了困境。

困境3：给你分配的任务你压根儿就不喜欢。有时候，你感觉工作简直就像在玩游戏，日子过得很快，你使出浑身解数努力工作着，你完全沉浸在工作中，时光飞逝你却浑然不觉。但有时候，工作就是工作，它让你觉得枯燥、困扰、沮丧，甚至有种被胁迫的感觉。在这种情境下，时间过得很慢很慢，墙上的时钟步履沉重，仿佛和你一样，也陷入了困境。

困境4：人们不听从你的领导。有没有这样一种时刻：你一直按照自己的思路埋头苦干，偶一抬头却发现周围空无一人，原来你一直是一个孤独的行动者。为什么其他人如此排斥你的提议？为什么他们不能与你同舟共济？你也许会认为他们陷入了困境，但事实上是你自己陷入了困境，你被孤立、被隔离，你恼羞成怒。

困境5：自作聪明地认为他人正身陷困境。事实上，当你自作聪明地认为别人正处于困境之中时，问题就来了。因为你钻不到别人脑袋里，所以你根本无法知道别人是不是正处于困境中。如果你真有特异功能可以洞察别人的想法，那么你马上就会陷入困境，因为洞察的结果会让你大吃一惊。那些看似烦恼的人的内心其实优哉游哉；那些愁眉不展的人也许已经找到问题的答案，而且正准备拿你开刀。是的，当你假设别人处于困境之中时，其实处于困境的是你自己。

困境6：为自己设置了无形的限制。我们脑海中都有一个自我形象，这可能成为你职业发展的羁绊。每当你想尝试一种新的做事方式时，你会马上告诉自己：我不能那么做，因为我是成功人士，我是老员工，我是优秀人才，我太老了，我太年轻了，我是个男人，我是个女人，我太累了，我太壮了……你就是你自己，没有办法改变。但是，你做事的方式完全可以改变。如果你总是给自己设定一个无形的轮廓，那么你已经陷入了困境。

想想你生活中遇到的这些困境吧。今天过得怎么样？有没有遭遇困境？有的困境让你心力交瘁，有的困境只是给你带来轻微的烦恼。不管严重与否，所有的困境你都要严肃对待。那些轻微的烦恼、压力和打击看似微不足道，但如果不及时采取措施，日积月累，也会给人的身心造成严重的伤害。

"困境"让我们感到挫败、压力、孤独和困惑。当提到"困境"的时候，眼前浮现的画面也总是让我们倍感焦虑：陷入泥潭、困于大雪之中、原地打滑的汽车、左右为难无法决策。

发现你的行为模式

走出困境，哪些招数不管用

没有人愿意总处在困境中，因为人们都在想方设法走出困境。

有的人认为陷入困境是因为自己做错了什么，所以他们变得更加努力，却看不到任何转机。有的人希望通过上课、看书或参加研讨会找到灵丹妙药，从而帮助他们摆脱困境。

更多的人认为别人的错误导致自己陷入了困境，所以他们抱怨别人、斥责别人，有时候竟然去收买别人。但这时候你会发现改变别人比改变自己更加困难。

人们想了很多办法，希望能走出困境。有的人采取拖延战术；有的人把烦恼推给别人；有的人闭上了眼睛，自欺欺人；有些人把困境留在那里，自己一走了之。

有的人面对困境无能为力，最后选择跳槽走人。换份新工作确实不错，但是，别忘了，那些难以相处的人和难以应付的事无处不在。

要想真正走出困境，上面提到的这些招数哪个都不会奏效。

看待事物的方式

为什么上面这些人经常想到的招数都不奏效呢？因为这些招数不是要改变他人就是要改变自己，这根本就不现实。

第1章 你会经常陷入困境吗

有一种方法很现实也很有效，那就是改变你看待事物的方式。

当陷入困境时，你无法看清自己所处的情境。你无法清楚地判断发生了什么，你也无法洞察事态的转机在哪里。

事态变得扑朔迷离是因为其中夹杂了太多的感情成分。你怒火中烧的时候，是不是感觉看到的东西像着了火一样？这是真的。因为人在生气的时候，眼睛会发生某些物理变化，导致看到的东西好像蒙上了一层红雾。视野范围也会变得狭窄，因此生气时看到的情景与平时看到的确实不同。当你怒发冲冠的时候，你会做出错误的判断；而平时一些小小的冲突，也会给你的思维蒙上阴影。

误解和冲突往往会给个人造成伤害。当人们在争执、抱怨、指责和发怒的时候，你会看到什么情景呢？有人横眉冷对，有人喋喋不休，有人大喊大叫，有人摇头叹息，有人挥舞着拳头……过不了多久，你也会成为其中的一员。如果这不是你的风格，你可能选择逃避或自闭，但你的内心充满愤懑。处于这种情境中的每个人都被情绪蒙蔽了眼睛，没有谁能对这种情境有一个清晰的认识。

当你陷入困境时，仿佛置身于布满怪石和险洞的深山，而大雾又模糊了你的视野，使你无法找到走出危险之地的道路。

在本书中，你将找到那条可以引领你安全走出深山的道路，拨开眼前的迷雾，你将重新认识这个世界。就从你现在的位置出发，寻找那条带领你走向目的地的道路。

DiSC 工具

所有的登山者都需要可靠的装备。在你的旅程中，你的工具就是DiSC。这是一个有助于自我发现的工具，它将帮助你用全新的视角看待事物，并且会得出全新的见地。

DiSC 是一种值得信赖的工具，它很准确，并且经过了专业的测试。人们对 DiSC 的研究已经有 20 多年的时间，DiSC 在北美地区被广泛使用，同时也被其他很多国家所引进和认可。大大小小几千家公司或组织使用过 DiSC 工具。培训师和顾问们在他们的研讨班中经常使用 DiSC 工具，参加过 DiSC 培训的学员人数在全球已经超过 4 000 万人。

对 DiSC 的研究是从 20 世纪 20 年代美国心理学家威廉·莫尔顿·马斯顿提出的一种人类行为学理论开始的。马斯顿主要研究正常人与周遭环境之间的关系，也就是人对环境的感觉和行为模式。基于大量的研究，马斯顿提出了一种模型，其中包含了四个不同的行为维度。1972年，位于美国明尼阿波里斯市的研究和出版机构——Inscape 公司以马斯顿理论为基础开展了更为深入的研究，建立了个人资料系统（Personal Profile System）。这个系统其实是一个学习工具，它可以帮助人们以前所未有的深度了解自己在各种情境下的感受和行为模式。通过对数千位自然分布而又非常专业的、形形色色的被调查者的持续研究，Inscape 公司不断对这个工具进行精练和改进。本书的出版首次让那些处于专业培训课堂之外的人们也有了使用 DiSC 工具的机会。

第1章 你会经常陷入困境吗

DiSC是一个值得高度信赖的工具，它可以深入洞察你的思想、感受和行为。它不是抽象、理论化的工具，而是一个具体、可以在真实环境中发挥作用的工具。

DiSC背后的研究

一种学习工具只有在具备了有效性和可信度之后，才能提供真正有用的反馈信息，DiSC当然也不例外。有些工具虽然应用范围很广泛，但缺乏基本的有效性和可信度。Inscape公司通过广泛、深入的调查，保证了我们所推出的工具可以为你提供准确、有价值的信息。

专家在评价一个工具的好坏时，首先要考虑的因素是样本人群。如果参与调研的样本人群都是来自堪萨斯州的白人男性会计，那么这个工具将只适用于堪萨斯州的白人男性会计。Inscape公司所做的努力是让参与调研的样本人群足够多样化，可以代表各个年龄段、各个民族、各种职业及分布在全球不同地理位置的人们。

同时，一个好的工具必须具备足够的可信度。可信度指的是使用这种工具得到的度量结果的稳定性和一致性。具备专业质量水准的工具，其可信度须达到0.70以上。Inscape公司的DiSC工具，信度系数为0.77~0.85。

一个高质量的学习工具还需具备有效性。有效性指的是工具是否能够真正度量它想要度量的内容。在创建DiSC工具问卷条目和各种行为模式特征描述时，我们非常重视对有效性的支持。DiSC

发现你的行为模式

> 工具的有效性经过了两种统计方法（因素分析法和多维度量表法）的分析，分析结果证明了 DiSC 工具的有效性。
>
> 　　如果想了解更多细节及有关如何正确使用 DiSC 工具的指导，请参考本书末尾的"有关 DiSC 的研究"的内容。

视角

　　DiSC 工具依据的假设是：你是你自己的专家。

　　使用 DiSC 工具就好像照镜子。照镜子的时候你可能发现自己的形象和想象中的不一样。也许你会问自己："我的头发怎么了？"你的头发其实一直就在那里，只是不照镜子你不知道它的情况，镜子让你看到了头发的模样。

　　另外，照镜子的时候，你看到的东西和你的视角有很大的关系。你照镜子时，看到自己有些胖，但其他人认为你不胖不瘦正合适。另一个人，在医生的眼里他绝对属于超重，但照镜子后他对自己的形象很满意，因为他原来比这还胖，他减肥见效了。因此，人们从镜子中看到什么很大程度上取决于他看问题的角度。

　　你有多少白头发？你有多少皱纹？你留胡子好看吗？你戴耳环显得多余吗？这都取决于你看问题的角度。

　　DiSC 工具基于这样的事实：面对同一种情境，不同的人有不同的看法。下面的故事中，四个人看待事物的方法就各不相同。

　　周一上午，某小型出版社的总裁正在召集四位经理开会，他们分别是：

玛丽——非常负责的组稿编辑；

比尔——热情洋溢的销售经理；

马克——值得信赖的产品经理；

温迪——一丝不苟的版面编辑。

总裁说："下面我要宣布一条令人激动的消息。"

玛丽激动得开始用手指敲桌子。

比尔说："太好了！"

马克笑而不语。

温迪看上去却一脸担忧。

"我聘请了一位顾问，他是一位超级牛人，他会把我们的业务流程从前到后审查一遍，然后告诉我们哪些地方做得不错，哪些地方需要改进。他……"

"好吧，但是，有些事情我要先给这位顾问交代一下。"玛丽首先打断了总裁的讲话。"我们最近刚刚花时间制定了一套新的规章制度。"

比尔接过话，说："是个好主意，引入新人可以有一些新的观点。"

"可以，"温迪把她的座椅从桌子前移开，说，"我不需要其他人来告诉我应该怎么做我自己的工作。这个人要在这儿待多久？能不能准确地告诉我他想了解什么信息，他想让我们做什么事情。"

"各位，各位，放松！顾问现在还没来。马克，说说你的想法。"总裁说。

"我没意见。你们说的我都同意。这位顾问说什么我都会听，但是

发现你的行为模式

我不希望他随意改动我们现在的工作模式。"

没有一个人像总裁期望的那么激动,会议陷入了困境。有一点总裁没有预料到:针对顾问要来这件事情,不同的人有不同的看法。

人们对待"机会"有不同的看法,人们对于以下这些事情也会有不同的看法,比如:

- 规则;
- 竞争;
- 独自工作;
- 团队工作;
- 检查事实;
- 问题;
- 闲聊;
- 最后期限;
- 杂乱无序;
- 表扬;
- 帮助他人;
- 批评;
- 获取他人建议;
- 责任;
- 决策;
- 稳定;
- 标准;

- 快速改变；
- 其他常见的工作情景。

DiSC 工具可以帮助你分析你自己看问题的角度。面对某种特定情境时，你会有什么样的想法、感受和行为模式？

如果人人都和你一样，就不会出现问题了

面对机会或挑战，我们先有看法，然后采取行动。如果我们的看法各不相同，那么采取的行动也将各不相同。这是人类的特征之一。我们受限于自己看待世界的方式。因此，工作中出现的很多问题（如误解、妥协、冲突、抱怨、不满意的结果等）并不是由于谁做错了什么，而仅仅是因为每个人看待事物的角度不同。

你肯定也经历过以下一些令人不快的情境吧？

- 你被迫和团队一起工作，但事实上，你特别想独立工作；
- 你通过研究找到了解决问题的方案，但是无法说服别人执行这个方案；
- 你知道闲聊也可以带来长期收益，但绩效考核不允许你把时间花在闲聊上；
- 其他人对变革感到很兴奋，但你觉得烦透了；
- 你编写了一份非常完美的项目报告，但在演示过程中被你的老板删除了；
- 别人总是来告诉你应该怎么做工作，这让你不胜其烦。

发现你的行为模式

这都是一些常见的情境，是常态，而不是例外。归根结底，这些问题都是由于你和其他人看待事物的角度不同而引发的冲突，有些是思想层面的冲突，有些是行动层面的冲突，还有一些问题是由于害怕冲突而刻意回避冲突造成的。

那么，这是不是意味着人与人之间注定就要冲突和碰撞，除非这两人老死不相往来？难道我们不能建立一种积极的关系吗？难道我们要一次又一次地错失良机？难道我们注定要彼此失望？难道我们的前面是一个接一个的困境？

当然不是。下面就给你介绍一些好的方法。

首先，接纳自己，也接纳他人。人们之间的差异无所谓对错，那只是差异而已。试着去欣赏其他人的观点。当然，如果观点的差异导致关系紧张，那就很难去欣赏了。

把冲突转化为优势，并不需要你改变自己，但需要你了解自己看问题的方式：面对某种情境，你为什么会有那样的反应、感觉和行为？如果你能理解自己看问题的方式，那你很容易就能理解其他人看问题的方式。

如果你能理解并接纳自己及他人看问题的方式，那么你会通过全新的角度审视每个情境，你会从中发现新的机会。

让你陷入困境的其他原因

DiSC 工具对改善大部分困境都有帮助。但和其他工具一样，DiSC

不是万能的，它不能帮助你应对所有的困境。因为并不是所有的困境都是由于人们看待事物的角度不同而导致的。让你陷入困境的其他原因还包括以下几种。

个人偏见。有时候我们根据团队中某个人的表现来判断整个团队的表现，这种做法经常把我们带入困境。有的人根据年龄、穿着、民族、种族、性别等特征来判断他人；在办公场所，人们根据一个人的岗位名称和职位高低来对这个人做出判断，如常听到有人说市场部的人怎么怎么样，工程部的人怎么怎么样。社会越来越多样化，每个人都有各自的特征，如果你不能把每个人作为一个独立的人来看待，而是采取上述一些带有偏见的目光来判断他人，那么你一定会陷入困境。

价值观不同。也就是每个人所信赖的生存原则不同，这也是导致冲突的原因之一。而DiSC工具并不分析和揭示每个人的价值取向（人们认为什么是最重要的）。如果两个人信奉的价值观存在明显不同，那么他们在共事的时候很可能陷入困境。

资源缺乏。有时候导致工作不能顺利完成的原因是缺乏资源、缺乏人才、缺乏知识。看看你的周围，是不是有人在超负荷工作？是不是某些具有特殊技能的人成了稀缺资源？是不是组织本身（如组织结构）存在问题？如果出现这些情况，首先要采取的措施是增加资源，否则你一定会陷入困境。

DiSC工具不能消灭以上列出的问题，但是它能消除夹杂在这些问题中的个人情绪。使用DiSC工具可以让人们变得互相理解、互相尊重，

发现你的行为模式

而这正是解决问题的重要前提。而且很多人发现，当你走出一个困境的时候，忽然发现其他的困境也不复存在了。尝试着去解决一些小问题，慢慢你会发现原来看似棘手的问题现在也可以解决了。

别再随波逐流

别再随波逐流！这就是本书想传达的重要信息。不要再像过去那样不假思索地按照想当然的方式做事，当面对问题时，记得先抽身其外，思考清楚，然后再采取最合适的行动。DiSC 工具可以让这个过程变得简单而快捷。

没有谁生活在真空中，因此，当你陷入困境需要采取行动时，你一定要保证自己的行为模式既能满足自己的需要，还能兼顾其他人的感受。DiSC 工具帮助你从各个角度对所处的情境进行全方位的考虑。

DiSC 工具从"感知自己"开始，但并不止步于此。DiSC 工具还可以帮助你"感知他人"和"感知环境"。因此 DiSC 工具研究的是 SOS，其中第一个 S 代表 Self（自己），O 代表 Other（他人），第二个 S 代表 Situation（环境）。也有人说，DiSC 工具研究的不是你，也不是我，而是我们。

你可能在想，怎样才能把 DiSC 工具应用到实践中？是的，这很重要，但是不要着急。最好的方法是从小处入手，尝试迈出一小步。当你向某个人迈出一小步时，这个人会回报你一大步。慢慢尝试，不要急于求成。最重要的是在迈步之前要选对方向。因此，你需要先学习一些相关的知识，这也就是向你推荐本书的主要原因了。

从某个具体的问题入手吧，仔细分析所处的情境，然后采取措施去改善它。一个问题解决后，其他很多问题也会迎刃而解。

别再随波逐流，主动驾驭自己，美妙的生活将从此开始！

第 2 章

使用 DiSC 工具

第二次世界大战后的冷战期间，美国的电台和电视节目经常被一个浑厚的男中音打断："现在进行测试，现在进行测试。"这是当时的战时应急广播系统在做测试。

第一个好消息是冷战早已结束；第二个好消息是你现在马上要进行的不是一个测试。

在学校和工作单位，我们已经饱受各种测试的折磨，因此当我们听到"测试"这个词的时候总是不由自主地有些紧张。而你现在面临的真的不是一个测试，不存在通过或不通过的问题，也不会根据测试结果来预测你将来的运势。你不需要根据得分为自己评定级别，也没有其他人为你这么做。

DiSC 不是一个测试，而是一个工具。测试经常由其他人为你打分评级，因此他们总是对你的情况指指点点。DiSC 是一个工具，它为你所用，为你服务。DiSC 工具帮助你做出选择，帮助你获取期望的结果。

因此，请放轻松吧！

聚焦某个特定情境

第一步是最关键的一步，它要求你选择一个特定的情境。在开始使用 DiSC 工具之前，你需要先确定一个具体的情境。这个情境必须是真实的、已经发生或正在发生的，包括真实的时间、真实的地点、真实的人、真实的问题、真实的任务。只有这样，你将来才能把学到的 DiSC 知识应用到真实环境中。

选择真实生活或工作中的例子。你可以选择一个困难的情境，也可以选择一个舒适的情境，还可以选择一些其他的情境。你需要对选定的情境进行深入的研究，确认这个情境的真实时间、真实地点、真实的人、真实的问题、真实的任务。你选定的情境可能与下列因素有关：

- 与一个具体的项目有关；
- 与一个具体的人有关；
- 与一个具体的团队有关；

发现你的行为模式

- 与某个特定的客户有关；
- 与某个具体的问题或困难有关。

回忆一下在当时的情境中你的想法、感受和行为模式。

在坐下来开始使用 DiSC 工具之前，请先做一个深呼吸，梳理一下你的思维，然后开始想象自己处于某个特别重要的情境中。你想象中的情境越具体、越重要，得出的结果就越真实。你得到的 DiSC 工具分析结果不是一大堆泛泛而谈的分析结论。使用 DiSC 工具也不是吹生日蜡烛，你不需要先许个愿："我希望取得更大的成功！"这也不是算命，不要惶恐不安地问："我会涨工资吗？"

你需要做的是仔细回顾你生活和工作中发生的事情，选择对你重要的某个具体情境，然后聚焦于它。

所谓具体的情境，就是要包括这个情境的人物、地点和时间，你所能想到的细节越多越好。

然后把这个情境的关键要素整理一下，写在一张纸上，文字尽量简练，便于自我提醒和反复回顾。否则，你的思维很容易飘离选定的情境。

DiSC 工具研究的是你在某个特定情境下的反应，针对的不是"一个"情境，而是你所经历的"任何"情境。你可以使用 DiSC 工具来分析你在情境 A 中的反应，之后你还可以选择另一个情境 B，这个情境 B 可能与情境 A 发生在同一小时、同一天、同一周或同一月。仔细回忆情境 B 的细节，把关键因素写在纸上，然后使用 DiSC 工具分析你在情境 B 中的反应。DiSC 工具应该被多次使用、反复使用。任何时

第 2 章 使用 DiSC 工具

候，当你需要对自己所处的情境进行分析的时候，你都可以使用 DiSC 工具。

使用说明

接下来，你会看到两页纸，里面有很多句子。这些句子用来描述你在刚才选定的情境中的感受和反应。句子旁边是从 1 到 5 的数字，这些数字用来说明描述的准确程度，也就是这个句子是否能准确地诠释你的感受和反应。1 表示非常不准确，5 表示非常准确。

把你认为合适的数字填在每个句子后面的空格中。记住：每个句子都要进行评估；打分时要仔细评估，充分应用 1~5 分每个分值的细微差别。你打分越细化，结果对你就越有价值。

打分的时候，你的第一判断往往最准确。相信自己的直觉，这是你应用直觉的最佳时机。很多人在 10 分钟内就完成了所有的打分。

刚开始使用 DiSC 工具时，你可能觉得其中的某些句子不适合你选定的情境。但事实上，DiSC 工具经过精心设计，它几乎可以应用在任何情境中。因此，耐心一点，仔细阅读每个句子，然后打出你的分数。

对下面四个栏目中的每个句子进行评价，这些句子是否准确地描述了你在选定情境下的反应？1——非常不准确，或者不适用；2——不准确；3——既不能说准确，也不能说不准确；4——准确；5——非常准确。

发现你的行为模式

栏　目	分　数	栏　目	分　数
是一个好的倾听者		喜欢制定规则	
可以容忍自己不喜欢的事情		直接推动项目进展	
愿意听从命令		表现得很强势	
和他人相处融洽		有求胜欲	
做决策时总是替他人着想		是第一个采取行动的人	
愿意帮忙		不屈服	
能理解他人的感受		人们认为我非常强大	
对他人很和善		对自己有把握	
热心肠		愿意负责	
让他人担任领导角色		喜欢采取行动	
不喜欢引发麻烦		行动迅速	
宽以待人		自己感觉很强大	
第一栏总分		第二栏总分	
减去	−1	加上	+2
得分	●	得分	■

第 2 章　使用 DiSC 工具

栏　　目	分　数	栏　　目	分　数
喜欢做正确的事情		有各种各样的朋友	
喜欢用正确的方式做事		广受欢迎	
第一次就能把事情做对		喜欢与人见面	
只考虑有意义的事情		相处起来很有趣	
喜欢精确		用积极的心态看待事物	
与他人相处很害羞		感觉很满足	
善于分析事情		快乐、无忧无虑	
考虑事情很周全		善于活跃气氛、提高士气	
把事情都闷在心里		大部分时间都很放松	
考虑事情过于仔细		大部分时间都很快乐	
不喜欢被过分关注		与陌生人见面一点都不难为情	
在团队中说话不多		采用非常生动的沟通方式	
第三栏总分		第四栏总分	
加上	+0	减去	−2
得分	☾	得分	◆

© 2002 Inscape 公司版权所有。禁止以任何形式复制表中全部或部分内容。

21

发现你的行为模式

得分

每个栏目打分的地方都有符号，分别是圆形、矩形、月牙、钻石。每个符号和 DiSC 工具中的一个维度相对应。

- ● 圆形代表 S：支持型（Supportiveness）
- ■ 矩形代表 D：支配型（Dominance）
- ☾ 月牙代表 C：尽责型（Consientiousness）
- ◆ 钻石代表 I：影响型（Influence）

DiSC 中的维度表示在特定情境下你的思维、感受和行为模式。在后面的章节中，我们将对每个维度展开详细、深入的分析，在本书最后我们还将对由多个维度组成的复合型反应进行分析。

如果你还没有把每个栏目中各个句子的得分加起来，那么请你现在完成这项工作，然后根据表中的提示对总分进行或加或减的调整。之后你就得到了你在每个维度的分数。

DiSC 表格中的这些句子是怎么确定的？这些句子是根据持续广泛的研究而确定的。研究人员对处于不同情境下的不同年龄、不同背景的人进行了分析，既包括业务环境中的例子，也包括专业领域中的例子。在持续研究的过程中，DiSC 表格中的句子被多次验证和校准。

DiSC 表格中四个栏目的顺序依次是 S、D、C、I。因为我们准备把这个工具叫作 DiSC，而不是 SDCI，所以麻烦你把得分重新排一下顺序，在下面的空线上填上对应的分数。

第 2 章 使用 DiSC 工具

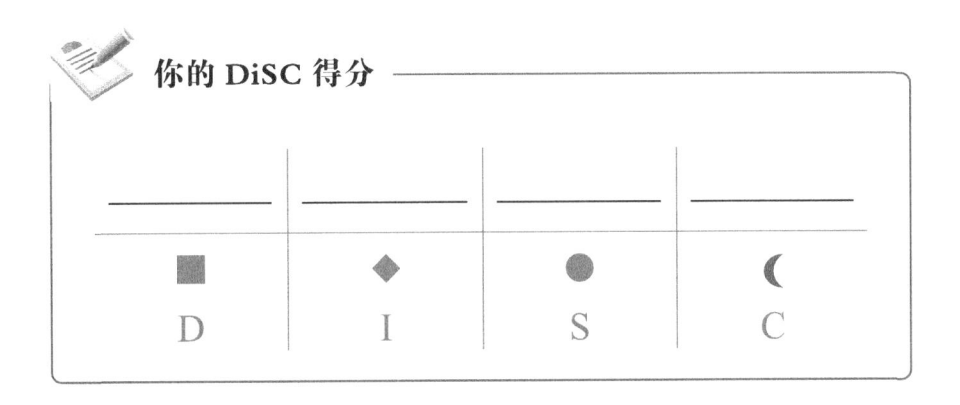

你的 DiSC 得分

D	I	S	C

你得分最高的维度

找出你得分最高的那个字母，是 D、I、S 还是 C，记得吗？在使用 DiSC 工具之前，你选择了一个特定的情境。现在得分最高的这个字母就说明了你在选定情境下的行为模式。你可以直接翻到描述你行为模式的那个章节，先阅读那部分，读完之后再回来看其他的章节。了解你自己的行为模式很重要，同样，了解其他行为模式也很重要。因为你不仅需要了解自己，还需要了解你周围的其他人。另外，也许换一个情境，你自己的行为模式也会发生变化，因此，每种行为模式都读一遍，你会用到的。

D：支配型

如果得分最高的维度是 D，那么说明你在选定情境下的行为模式

发现你的行为模式

为支配型。此时，你有强烈的愿望和坚定的意志，你很可能会采取以下的行为方式：

- 你容不得阻挡你实现目标的任何障碍；
- 你很果断；
- 你没有耐心等别人步入正轨；
- 其他人的反对不能让你屈服；
- 你喜欢自己制定规则，而不是让其他人来告诉你应该怎么做；
- 你喜欢直截了当，即使负面的意见你也会直接说出来；
- 你喜欢竞争，你有取胜欲。

I：影响型

如果你得分最高的那个维度是I，那么说明你很喜欢与人交往，在选定的情境下，你有以下的行为表现：

- 你很热情；
- 你喜欢交谈；
- 你喜欢参与小组活动；
- 你喜欢待在一个团队里；
- 你关注事情的积极方面，如半杯水，你看到的是有水的那一半，而不是空的那一半；
- 大部分时候你很高兴；
- 你善于表达、外向、感情外露；
- 你是个很有人缘的人。

S：支持型

如果你得分最高的维度是 S，那么说明在你选定的情境中，你特别愿意利用各种机会为他人提供帮助。除此之外，你还有以下的行为表现：

- 你认为公平合理很重要；
- 你不太容易适应变革，但如果让你理解了变革的必要性，你就会全力予以支持；
- 你更倾向于保持现状，而不是利用机会；
- 做适合的事情，这对你来说很重要；
- 你不喜欢冲突；
- 你是一个优秀的团队成员，但你更愿意做幕后工作；
- 为了避免争论，你总是让其他人按他们自己的方式做事。

C：尽责型

如果你得分最高的维度是 C，那么你最关注的是如何把事情做好、做对。比如：

- 你会仔细而清晰地分析你的任务；
- 你关注细节；
- 你会事前做好计划；
- 你很少出错；
- 你为自己设置高标准，而且为超越这些标准而由衷高兴；
- 你喜欢独自工作，或者只愿意和那些你完全信任的人一起工作；
- 如果不能达到你自己设定的标准，你会感到很不开心。

发现你的行为模式

识别你的 DiSC 行为模式

到目前为止,你已经知道了自己在选定情境下的主要 DiSC 行为模式,而且通过阅读相应章节你也对这种行为模式有了一定的了解。你还阅读了描述其他三种行为模式的章节,你是否在其他类型中也发现了自己的影子。这完全有可能,因为在使用 DiSC 表格工具的时候,你在某个维度的得分最高,但在其他三个维度的得分也不是零分。因此,你其实是多维度的。

下面我们进一步解释你的 DiSC 得分结果,看看你到底属于哪种 DiSC 行为模式。为了更真实地判断你在选定情境下的行为模式,我们应该把你得分较高的几个维度综合起来考虑。

分布情况

在研发 DiSC 工具时,我们使用了大量、多样化的样本人群。其中得分最高为 D、I、S 或 C 的人数占总样本的比例分别如下:

D:25%

I:23%

S:16%

C:24%

没有最高分的:12%

在 DiSC 的四个维度中，如果某个维度的得分达到或超过了 44 分，这个维度就在你的行为模式中起到了关键性的作用。

DiSC 维度一览表

D（支配型）

- 马上就需要有结果；
- 采取行动；
- 接受挑战；
- 很快做决定；
- 对现状提出疑问；
- 解决问题。

I（影响型）

- 喜欢与人交往；
- 善于表达；
- 热情四溢；
- 善待他人；
- 对人对事都很乐观；
- 喜欢参与到人际圈子中。

S（支持型）

- 行为表现很一致、可预测；
- 有耐心；
- 乐于助人；

发现你的行为模式

- 忠诚；
- 是个很好的倾听者；
- 善于营造稳定、和谐的工作氛围。

C（尽责型）

- 关注重要的方针和标准；
- 关注重要的细节；
- 做选择前权衡利弊；
- 重视精确度；
- 分析问题很深刻；
- 使用系统化的方法。

再回头看一下你使用 DiSC 工具的得分。在下面的空格中，把大于等于 44 的分数按照从高到低的顺序写到空格中。分数线是固定的，没有过线的分数一定不要写进去。在分数下面写上代表相应维度的字母。之后，这就得到你的 DiSC 行为模式。

你的 DiSC 行为模式

大于等于 44 的分数（从高到低）				
维度				

填写完以上表格后，可能出现五种结果。

1. 单一维度的行为模式：只有一个维度的得分大于等于 44 分。

2. 双维行为模式：有两个维度的得分大于等于 44 分。

3. 三维行为模式：有三个维度的得分大于等于 44 分。

4. 没有任何一个维度得分达到 44 分。

5. 四个维度的得分都达到了 44 分。

DiSC 的多维行为模式（双维和三维）中综合了两个或三个维度的特征，但这种综合不是简单的叠加，不是把一个积木放在另一个积木上，而是像烘焙蛋糕，把各种不同的材料混合在一起，通过烘烤之后，形成一种全新的东西。

另外，你在某个维度的得分，有的是刚刚超过了分数线，有的则超出了一大截。对于得分特别高的那个维度，你在阅读相关章节的时候，会觉得那简直就是在说你。

如果你在各个维度的得分都超出分数线

如果你在四个维度的得分都超出了分数线，那么很有可能是你之前选定的情境比较特殊。在这种情境下，你不仅事情做得漂亮，而且还能让每个人都满意。但真实情况是，在大多数情境下你不可能让所有人满意，能让所有人满意的情境绝对只是极少数。所以，建议你使用 DiSC 工具重新打一次分，在打分的过程中，一定要更加认真地评估每个句子的准确性。

四个维度都得高分，还有一种可能的情况，那就是：你有一套自

发现你的行为模式

己固有的答题方式,不管你真的怎么认为,你总是喜欢用"准确"或"非常准确"来评价每个句子。因此,也建议你重新使用 DiSC 工具来打一次分,本书后面专门附加了一份 DiSC 表格。这一次,请更加仔细地分析你选定的情境,或者建议你干脆重新选择另一个情境。不要着急,认真思考每个句子,评分的时候记得把 1~5 的数字都用上。

DiSC 各种行为模式所占比例

在样本人群中,每种行为模式的人数所占的比例如下。这些数字加起来不等于 1,因为有些人没有一个维度的分数达到 44 分,还有一些人的全部得分都超过了 44 分。从中你还可以看出,大部分人都属于双维或三维的复合型行为模式。

D	6%	SI	3%
I	2%	IS	4%
S	3%	IC	1%
C	7%	SC	12%
DI	3%	DIS	7%
ID	6%	IDC	5%
DS	1%	DSC	5%
DC	8%	ISC	12%

如果你在各个维度的得分都没有达到分数线

如果你在各个维度的得分都没有达到分数线，那么很有可能是你没有把注意力完全集中在你选定的情境中。因此建议使用 DiSC 工具重新来打一次分，这次一定要聚精会神地仔细分析所选的情境，你也可以重新选择另一个情境进行分析。没有人对完成打分所需的时间做出规定，因此，你不要着急，认真地分析 DiSC 表格中的每个句子，把 1~5 分的各个分段都用上。

还有一种可能是你跳过了 DiSC 表格中的一些句子，你也许认为这些句子不适合你的情况，所以你没有给它们打分。现在请你重新检查一遍你的打分情况，看看是否存在上述情况。DiSC 表格中的句子经过长期研究和锤炼，因此几乎适用于任何情境，虽然适用的程度有所不同。

在第 3 章中，你可以深入分析你所属的 DiSC 类型，看看这个类型具有哪些特征，不具有哪些特征。

技术细节

在汇总 DiSC 得分的时候，为什么要对每个维度的得分进行或加或减的调整呢？为什么把分数线设定为 44 分，而不是 43 分或 45 分呢？因为评估就是这么设计的。研究人员和心理学家在开发 DiSC 工具时经过了长期深入的研究，其目的就是保证工具的准确性和可靠性。如果你想了解更多关于这个模型的技术基础及模型背后的研究工作，请翻到本书最后，阅读"有关 DiSC 的研究"的内容。

发现你的行为模式

走进一个拥挤的电梯的情境

- D型：按"关门"按钮，而且连续按了三次。
- I型：对电梯外等待的人群说"进来吧，进来吧，挤挤都能进来"。
- S型：向电梯里面看了看，发现电梯满了，然后改走楼梯。
- C型：先查看电梯的载重量，然后马上开始心算。根据计算结果，发现电梯里多了三个人，于是要求他们出去。

第3章

DiSC 结果意味着什么

在第 2 章你填写的 DiSC 表格不是一个性格测试,因此不能用 DiSC 得分来判断你的性格。一个人的性格源于其基因组成,伴随着生活阅历的增加而逐渐形成。性格是一个人的硬件特征,而且是一种持久的特征,如有的人外向,有的人内向,他几乎一生都会持续地保持着这种性格特征。我们无法选择自己的性格,因为性格源于我们的成长环境、在学校中受到的教育、工作经历,以及我们基因中有关精神和兴趣的因子。目前,测试性格的工具有很多,最著名的就是 MBTI 工具。确实,你可以通过工具测试出你的性格,但遗憾的是你没有办法改变自己的性格。

发现你的行为模式

DiSC 讨论的范畴超越了性格

DiSC 不去测试和分析你的性格特征，DiSC 分析的是面对某个特定情境时基于你的性格你所做出的反应。因此，性格最多占一半，还有一半是你面临的情境。性格和情境之间发生交互反应，体现出来就是一个人面临某种情境时的思考、感受和行为模式。

现在，请你画两个相互交叠的圆圈，一个圆圈表示你面对的情境，另一个圆圈表示你的性格，两个圆圈相互交叠的地方就是 DiSC 分析的领域。DiSC 研究的内容是当某种性格的人面对某种情境时会发生什么事情。性格与生俱来，隐藏在你的内心深处，当它感受到周围的环境时，就会做出反应，于是形成了你独特的思考、感受和行为模式，这就是你的 DiSC 反应。你对所处情境的情感反应触发了你的 DiSC 反应。

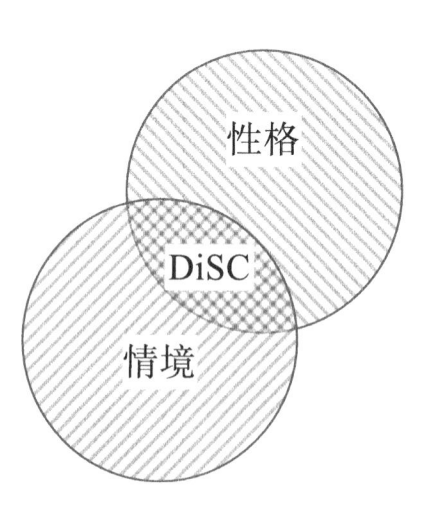

DiSC 不是一种心理疗法，它不分析你的内心本质。在我们所处的紧张的商业环境中，很多情境都需要我们迅速做出反应并采取行动，而长时间的心理分析可能无法应对这种快节奏的要求。DiSC 的作用在于帮助你寻找一种最合适的应对方式，从而有效地满足所面对的情境的需要及情境中涉及的各个干系人的需要。

你可能无法改变自己的性格，但当你面对某种具体情境时，你可以调整自己的反应方式。这正是 DiSC 与众不同的特点，也是 DiSC 工具的价值所在。DiSC 关注的是如何帮助你解决工作和生活中遇到的实际难题。

两个关键问题

DiSC 有四种基本的反应方式，而这四种反应方式之间的不同则源于一个人遇到某种情境时对两个关键问题的回答：

- 这种情境对我是否有利？
- 我是否有能力控制这种情境？

你在第 2 章使用 DiSC 工具时选择的情境是有利情境还是不利情境？如果是有利情境，那么你会感觉非常舒适；如果是不利情境，你会感到非常困扰。

什么是有利情境？在这种情境中，你感到受人尊重、被人信赖，周围的人和环境对你而言都很熟悉，所有的一切都在按部就班地进行着。你感到很放松、舒适，周围都是朋友。

如果在你选定的情境中，你和老板处于对峙的状态，那么这种情境对你而言无疑是不利情境。当处于不利情境时，你会产生警惕和防卫心理，也会感到非常不舒适，可能是有人在找你的难堪，或者有人在挑剔你的工作。另外，当你来到一个完全陌生的环境中，你也会感

发现你的行为模式

到不适，这对你来说也是一种不利情境。

不管面对的是有利情境还是不利情境，你要考虑的另一个关键问题就是：我是否有能力控制或改变所处的情境？也就是说，在这种情境中，你的权力有多大？

面对某种情境时，回答以上两个关键的问题，从答案中你就可以知道自己属于 DiSC 四个维度中的哪个。

- 认为自己所处的情境是不利情境，但相信自己有能力控制或改变当前情境，这样的人采用的是**支配型（典型的 D 型）**的行为模式。

- 认为自己所处的情境是有利情境，同时相信自己有能力控制或改变当前情境，这样的人采用的是**影响型（典型的 I 型）**的行为模式。

- 认为自己所处的情境是有利情境，但是认为自己没有能力控制或改变当前情境，这样的人采用的是**支持型（典型的 S 型）**的行为模式。

- 认为自己所处的情境是不利情境，同时认为自己没有能力控制或改变当前情境，这样的人采用的是**尽责型（典型的 C 型）**的行为模式。

面对所处的情境，四种行为模式的人表现各异。采用高 D 型行为模式的人会仔细审视环境，主动发现面临的挑战，并且相信自己能应对这些挑战。高 D 型的人相信依靠自己的能力可以战胜环境。

行为模式为高 I 型的人是乐观主义者。他们不仅乐观地看待自己所处的情境，而且他们相信自己有能力影响其他人看待问题的方式。（从这个角度上看，这些人也很有权力。）

行为模式为高 S 型的人，他们愿意与人协作，愿意为他人提供支持，态度随和，并且希望通过自己的努力使当前情境一直处于有利状态。

处在不利情境中，而且没有任何影响力和权力去改变情境，这时候你不得不采用 C 型行为模式。听上去很惨，是吗？其实不然。高 C 型行为模式的人并不一定不快乐。他们能够看到问题，但他们希望在现有体制下解决问题。他们认为整体环境很难改变，所以希望通过规则、流程和制度来保证各项工作过程和结果的质量及准确性。

以上这些关于如何看待自身和看待环境的观点不是一种心理（或哲学）定论，它仅仅说明了面对不同情境时我们所做出的不同反应。

快速了解 DiSC

你对所处情境的看法和你对自身能力的看法，决定了你的行为模式。因此，当你面对某种情境时，不妨先退后一步，问自己两个关键的问题：

- 这种情境对我是有利的，还是不利的？
- 我是否能控制或改变这种情境？

发现你的行为模式

从回答看不同类型的人的反应

- 行为模式为 D 型的人喜欢问：什么（What）？
- 行为模式为 I 型的人喜欢问：谁（Who）？
- 行为模式为 S 型的人喜欢问：为什么（Why）？
- 行为模式为 C 型的人喜欢问：怎么办（How）？

情境不同，反应就不同

即使同一个人，当他面对不同的情境时，他的反应也是不一样的。

例如，克莉丝是销售和市场总监，她在使用 DiSC 的时候选择了两种完全不同的情境。她选择的第一种情境是年度销售大会的筹备。来自全球的 500 多个重要人物将参加本次会议。在会议开始前的几个月，克莉丝把她的主要精力放在了会议筹备上。她要规划的工作包括大会主题讲话、十几个并行举办的研讨会、现场食物和饮料的供应、销售人员评优和奖励等一系列工作。在她全力以赴地筹备会议的情境中，她发现自己在 D 维度的得分非常高。她心无旁骛，一心只想完成工作。她没有时间和同事絮絮叨叨，她表现得果断干练，甚至有些专横。

她选择的第二种情境是准备工作就绪，大会正式召开之后。这时候克莉丝的角色发生了转变，在专题会议上她是发言者，在研讨会上她是演讲者，在社交活动中她和别人侃侃而谈。这时候她的反应是典型的 I 型，在大会期间她表现得像一位光彩照人的明星。

还有另一位女士也讲述了她两次使用 DiSC 工具时得到的不同结果。她是这么说的："开会时，如果大家讨论的战略是我所信服的，那么我的反应就是典型的 S 型。这时候，我很愿意担当会议的推动者，我会请每个人都发表他们的看法，并且会对他们的建议表示支持，会议结束时，我会进行小组总结。我希望每位成员都能发挥他们的聪明才智，也愿意和他们一起努力来实现我们共同的目标。相反，如果开会时大家讨论的方案是我不同意的，而且我觉得我们必须采取另外的方案时，我的 D 型风格就显现出来了。我会大声地、清楚地告诉人们他们正在做错误的事情。我完全没有兴趣听取其他人的意见，我认为把自己的观点讲出来更加重要。必要的时候，我甚至会打断其他人的讲话，我会表现得很勇敢。这时候，我对发挥小组成员的能动性没有兴趣，相反我会主动承担起领导者的角色，重新制订我们下一步的行动方案。"

你是多维度的

如果你多次使用 DiSC 工具，你会发现每次得出的结果并不相同，为什么呢？因为在你的内心深处，每个维度都占有一席之地。

不管你的 DiSC 行为模式是单维的、双维的还是三维的，你在 DiSC 的四个维度中都是有分数的。因为你本来就不是一个单一维度的动物，

发现你的行为模式

你的反应会体现某个高维度的特征，但或多或少还会掺杂着其他维度的特征。

我们可以通过一个形象的例子来说明这种情况。那些高保真音响系统上都有一个用来控制音效的图示均衡器，通过移动图示均衡器上不同频率的滑动按钮，人们可以对输出的整体音效进行调整，来满足听众的需求，或是适应音乐播放厅的环境。你可以提高低音的频率，降低中音的频率，你甚至可以把高音的音频再调高一点。把你的DiSC结果画成图，结果将和图示均衡器的面板图非常相似，你在DiSC的四个维度上也有一个滑动按钮。遇到某些情境时，其中的一个或几个维度就会调得比其他维度高。调高的这些维度在你使用DiSC表格进行打分时，得分就会高一些，而其他维度的得分就会低一些，但不会是零分。在音频图示均衡器上，你可以把一个滑钮推到最高，把其他的按钮推到最低，但在播放音效中，你除了会听到很沉重的低音部，还能听到一些高音或中音，也就是说，尽管你把滑钮推到最低，但你并不能完全去除这个频率上的音效。DiSC也是一样的。虽然你把DiSC中的一个、两个或三个维度调高了，但其他的维度也仍然存在，它们也会在你的反应中体现出来，只是体现的程度低了一些。

当你聆听音乐的时候，各种不同频率的声音混合起来让乐器发出了美妙而独特的声音。比较一下乐器发出的声音和音叉发出的声音。有些人认为音叉不能算一种乐器，因为它只能发出一个音高，确实是这样。但是有些打击乐器、铃铛、低音大鼓等同样也只能发出一个音高，可是在每个乐队中，你都能找到这些乐器的影子。音叉之所以不同，听上去让人心烦，是因为它发出的声音单调、枯燥、没有变化、没有任何混音。

人们的行为特征更像小提琴或长号，而不像音叉。即使有些人有时会表现出单一维度，但事实上他的反应中一定混合了其他维度的特征。根据所遇情境的不同，各维度特征的表现程度也不同。有时候某个维度的特征明显一些，而有时候正好相反。因此，当一个人面对某个情境时，他不可能像音叉一样，只表现某个单一维度的行为特征，大部分情境下，人的行为特征会包含"混音"。

不错，让我们想象一下下面的情境。先去找一首你最喜欢的音乐，然后假设这首音乐完全由一组音叉来演奏完成，你觉得效果会怎么样？我们再想象一下，假如人的反应是按键式的，当你按 D 键，就表现 D 型特征，那人就不是自然人，而变成机器人了。人毕竟是人，任何时候我们都可能做出一些无法预测的、出于本能的、超出想象的、灵活的、有创新的行为反应，我们不是音叉，我们是一部拥有高音、低音等多个音色的乐器。

因此，下一次当你再次使用 DiSC 工具的时候，你可能发现得分最高的变成了另一个维度。为什么？因为 DiSC 的四个维度本来就都藏在你内心深处，只是不同的情境会触发不同维度的反应。

另外，在你的 DiSC 结果中，得分较低的那些维度其实是你的资源，它们让你拥有了更多的灵活性。当你试图去理解他人时，当你试图去寻找某些问题的解决方案时，你不妨调用一下这些得分较低的维度。

发现你的行为模式

下面我们解释一下 DiSC 结果中得分较低（低于 44 分）的那些维度对你意味着什么？DiSC 结果中也许有一个、两个或三个维度得了高分，剩下的那些维度低于 44 分。DiSC 表格中列出了很多句子，然后询问自己这些句子是否准确地描述了你在选定情境下的反应方式，包括你的感觉、想法和行为模式。如果你在某个维度得分较低，那么说明你所选定的情境没有触发你在这个维度的特征，因此有关这个维度的描述不太适合你。但是，这绝对不能说明你的行为特征与该维度所描述的行为特征完全相反。比如，某人在 D 维度的得分不高，这并不表示这个人不直接、不果断，而是说这个人在他所选定的情境中没有表现出直接和果断的一面。

再回到音叉。有一个地方音叉是大受欢迎的，这就是物理实验室。物理老师敲一下音叉，然后把它放在连着示波器的麦克风前。示波器把声波转化为一个可见的图形。学生们看见的是一个单纯的、简单的、可以用一个方程式来表示的曲线。而小提琴、单簧管的声波图形就要复杂得多，最复杂的是人声。如果让学生们对这些复杂的声波进行分析，那就太吃力了。这些复杂的、包含各种音色的声音听上去更加优美、更有活力、更加充满激情，但我们应该采取什么方法对它进行分析研究呢？

同样，你的 DiSC 结果中包含了得分有高有低的四个维度，分析你的综合行为特征，也不是件容易的事。好在 DiSC 工具为我们提供了一种可行的方法，因为 DiSC 通过打分为我们识别出在你的反应中扮演了重要角色的那些维度，通过分析这些得分较高的维度，我们可以快速地了解 DiSC 结果所代表的行为特征。

> **DiSC 中的"i"为什么要小写？**
>
> 　　你有没有问过自己，DiSC 中的"i"为什么要小写？如果你问了，你就是典型的 C 型。事实也是这样，很多行为模式为 C 型的人非常希望我们改掉小写的"i"而代之以大写字母"I"。这个小写的"i"起源于一位粗心的校对人员。Inscape 公司的第一份 DiSC 工具书在排版的时候，由于打字错误，"i"被打成了小写，校对人员没能及时发现，而直接送到了印刷厂。但结果让人很欣慰，因为很多读者喜欢这种方式，他们认为 DiSC 写成这样更好认、更好记，而且更为独特。于是，Inscape 公司注册了含有小写字母"i"的 DiSC 商标。这就是 DiSC 中"i"为什么小写的来龙去脉。

多次使用 DiSC 工具

　　DiSC 设计的时候就希望这个工具可以被人一遍又一遍地重复使用。当你觉得需要和一位特别了解你的专家进行沟通时，你不妨使用 DiSC 工具，因为最了解你的不是别人，而是你自己，所以你就是你自己的专家。当你需要做出重要决定时，当你面对危急情境时，当你感

发现你的行为模式

觉陷入困境无法自拔时，你都可以考虑再次使用 DiSC 工具。

经过一段时间的使用后，会出现两种情况。一部分人会发现，虽然面对的是不同的情境，但是 DiSC 结果越来越接近。而另一部分人发现，面对的情境不同，DiSC 的结果也就不同。在第一种情境中，他可能在 DiSC 的某个维度上得了高分。在第二种情境中，他会在另一个维度上得高分，这是因为第二种情境激发了他内心的另一种反应。以上两种情况都是真实的，每个人都拥有自己相对稳定的 DiSC 行为模式，而不同的环境又会触发 DiSC 行为模式的改变。

如果你发现从一种情境转化到另一种情境，你的反应都是相同的，那么说明你找到了自己的心理舒适区，因此你总是不由自主地一次又一次地返回到这里。

虽然面对不同的情境你采用了近乎相同的反应，但这仍然表示你面对某种情境时的想法、感觉和行为模式。DiSC 打分结果揭示的并不是人的性格，性格是人的永久属性，它不可被改变。

一次又一次地使用 DiSC 工具，使用的次数越多，你越会发现这个工具的价值。像所有的学习过程一样，使用 DiSC 工具也有一个学习的过程，时间越久，感受越深。回忆一下你第一次使用 DiSC 工具时的感受，你当时所采取的行为模式有效吗？下次遇到类似的情境，你是否会考虑做一些调整呢？

第3章　DiSC结果意味着什么

不要给人贴上标签

DiSC工具很简单、很直接，因此也很容易遭人误解，人们误以为使用DiSC工具得出的结论是一成不变的。其实不然，因为所有的事物都在持续地变化着，而且在多个方向上同时发生着变化。DiSC结果仅仅是对当前事实的一个快照，是对时间长河中某个节点的记录。

生活永远都在变化，我们所经历过的那些事件，尤其是重要事件，就是我们生活中的一个个节点。DiSC是一台配有快速拍照功能的照相机，当生活擦肩而过时，这台照相机迅速按下快门，为瞬间情境拍了一张快照。有了这张快照，你就可以对那个过去的瞬间进行深入的研究。DiSC工具可以帮助你开展业务、制定决策，还可以帮助你建立高效的领导力。DiSC不会改变你，也不会改变其他人。DiSC的作用在于帮助你用最妥当的方法应对各种情境，既关注你自身的需求，也关注情境中涉及的其他人的需求。

如果你把DiSC得分结果看成一种标签的话，你就很容易把自己和他人分门别类，贴上这样或那样的标签。现实一直在变化，贴在人们身上的标签却不会改变，这时候你关注的仅仅是贴在人身上的标签，而忽略了标签下面不断变化着的人。

给人贴标签还有一个缺点，就是当一个人不愿意与某些人进行沟通或建立工作关系时，他很容易就能找到借口。

"看，我是D型的，他是C型的，所以我们天生就合不来。"

发现你的行为模式

如果我们是机器人、化学物质或数学方程式，那么使用以上的方法也许是对的。但是，我们是人，是一种具有多维度情感、不断进化的动物。

而且 DiSC 得分结果与你选择的情境有关。DiSC 测量的是你面对某种特定情境时的感觉、想法和行为模式。因此，在不同的地点、不同的时间，针对不同的问题，你的反应也很有可能不同。对其他人来说，也是如此。

所以，记得不要给自己贴上标签，也不要给别人贴上标签。你不是 D 型、I 型、S 型或 C 型，你只是面对某种情境时选择了 D 型、I 型、S 型或 C 型的反应方式。你可不是用一个简单的字母就能说清楚的。

没有对错

无论是在工作中，还是在生活中，四种类型的 DiSC 行为模式都是有价值和有意义的。问题的关键在于：选择哪种行为模式才能最大限度地发挥你的优势？你应该通过何种方法让其他人了解你的优势？

一家玻璃加工厂聘请了一位顾问，为其经理和主管们举行了一次 DiSC 研讨会，这家工厂的人文环境是典型的 C 型和 D 型，一部分管理者非常强势、做事果断，还有一部分管理者非常善于分析。但是，其中有一位班组长体现了强烈的 S 型。在研讨会上，顾问经常走到各个小组跟前，询问他们从课程中学到了什么。这位班组长眼含热泪，说："我确实学到很多重要的东西，我觉得做我自己就行。"

这也是 DiSC 带给很多人的启迪：做你自己就很好。这位班组长开始认识到，在以前的很多种情境中，作为一位典型的 S 型的人，他也为团队工作做出了很大的贡献。

了解 DiSC 行为模式特征，充分发挥自身优势

随后的四章将会更加深入地介绍 DiSC 的四种典型行为模式。针对每种行为模式，将讨论以下内容：

- 这种行为模式的人给团队带来的价值；
- 这种行为模式的人容易遭人误解的地方；
- 这种行为模式的人需要与他人分享的信息；
- 这种行为模式的人经常会遭遇的困境，以及如何帮助他们走出困境。

不管你是哪种行为模式，不管你的行为模式是单维、双维，还是三维的，都请仔细阅读随后的四章内容。因为你遇到的其他人可能是这些行为模式的，在你的行为模式中也混合着其他维度的因素，而且，在将来的某些情境中，你很可能需要动用其他维度。

在本书的最后，将对各种混合型的行为模式（双维的和三维的）进行全面的介绍。如果你的行为模式是多维型的，也请你先阅读随后的四章，之后再在本书最后寻找你所对应的混合类型。现在就把全部混合类型通读一遍没有太多帮助，甚至会让你感到困扰。以后，在你需要的时候，你可以把除你之外其他的混合类型阅读一遍，尤其是那

发现你的行为模式

些和你的行为模式相差甚远的类型。通过阅读，你可以更好地理解那些与你不同的人的所想所为。

在你阅读描述自己的行为模式的章节时，你会从中发现自己的优势所在。而且你还会发现，如果你的优势发挥得过了头，很可能会变成你的劣势，这个道理对于 D 型、I 型、S 型、C 型四种类型的人都适用，正所谓"过犹不及"。当你处于压力之下时，你行为模式中的那些消极因素就会被挤压出来。当然，本书还为你提供了应对这些情境的可选策略。

在你阅读描述自己行为模式的章节时，不妨把那些特别符合你特征的语句圈出来，把那些根本不符合你的特征的语句直接画掉。仔细阅读这些关于你的特征的描述，认真思考，有效利用那些对你有价值的信息，同时忽略掉那些不能为你所用的信息。

面对食物，不同行为模式的人会做出何种反应？

D 型：
- 直接从锅里取出就吃；
- 喜欢尝新，喜欢异国风味的食物；
- 喜欢用微波炉，即便烧水也用微波炉；
- 从来不按照菜谱做菜；
- 经常下馆子。

I 型：
- 愿意款待客人；

- 喜欢美食；
- 拥有最新潮的厨具，但不常用；
- 总是被花哨的食物包装所吸引；
- 关心朋友们都在吃什么。

S型：
- 对吃饭很重视，把在家吃饭看成一次家庭聚会；
- 认为厨房是家里最重要的空间；
- 严格遵守美国农业部颁布的食物金字塔形图；
- 喜欢和其他人交流菜谱；
- 愿意为他人烹制其喜欢的食物，即使自己根本不喜欢。

C型：
- 仔细阅读标签；
- 了解食物中所含蛋白质、脂肪、碳水化合物的多少；
- 采购价格优惠的食物，而且喜欢使用优惠券；
- 购买厨具时，既关注是否经济实惠，也关注厨具的技术性能；
- 去饭店吃饭时会带一本有关脂肪和卡路里摄入的指导手册。

第4章

D型（支配型）：直接、果断

> **与D型风格有关的名句：**
>
> - 实话实说（Tell it like it is）。
> - 我们要战胜一切（We shall overcome）。
> - 只管去做（Just do it）。

面对某种情境，如果你的反应为D型，你会表现得意志坚定，并且有一种不达目的誓不罢休的斗志。

当你认定目标之后，你就会表现得非常坚决、非常果断，没有任

第4章 D型（支配型）：直接、果断

何人可以阻挡你，你不会害怕任何困难和挫折。在迈向目标的过程中，你从来不会犹犹豫豫。甚至在别人看来，你表现得有些固执和任性，但你对此根本不以为意。在这种情境下，任何人的反对都不会让你妥协，你也不会屈从于任何人的指手画脚。在这种情境下，如果需要制定规则，那么你就是规则的制定者。

你完全以目标为导向，即使你看到了风险，你也相信自己完全有能力应对这些风险。你为自己设置了很高的标准，而且愿意为此付出努力。但是，你缺乏耐心，特别是对那些行动速度比你缓慢的人。你渴望看到工作的进展，并为之坚持不懈，直到达到既定的目标。

你愿意把自己内心的想法说出来，即使这些想法是对他人的负面评价。但是，你和那些整天牢骚满腹的人完全不同。如果你认为把自己的想法说出来并不能扭转困境，那么你会选择沉默。有些人会认为你有些耿直和鲁莽。事实上，你对这些人根本就没有耐心，你甚至会为自己直白的表达方式而自豪，你根本无暇顾及他人的感受。

与你直白的表达方式相呼应的是你果断的行为方式。面对特定情境时，你最关注的是如何快速推动整个事件的进展。

你喜欢竞争，而且你喜欢获胜的感觉。

D型：你是如何看待所处情境的

认为自己所处的情境是有利情境	认为自己有能力掌控情境
认为自己所处的情境是不利情境	认为自己没有能力掌控情境

发现你的行为模式

你为团队带来的价值

大部分组织对那些意志坚定、行为果断、喜欢独当一面的人表示赞赏。但也有一些组织和个人对行为模式为 D 型的人存有偏见,他们觉得行为模式为 D 型的人求胜欲太强(虽然没人否认组织中确实需要这样的人)。

面对特定情境,你会主动采取行动。因为你从不惧怕风险,甚至喜欢迎难而上。更为重要的是,面对任何险情,你总有办法找到化解之道。

D：支配型

什么让你精神鼓舞？

- 对工作环境有控制权；
- 对其他人的行为有指导权；
- 有新的机会和挑战；
- 有进一步提升的机会。

什么让你心灰意懒？

- 被怀疑,被否定；
- 职责被限制；
- 获取资源的权力被限制；

- 被严密监督。

什么环境让你心存欢喜？

- 你完全有权力决定如何完成工作；
- 快节奏；
- 结果导向。

什么事情让你避之不及？

- 表现软弱；
- 日常重复性的工作和一眼就看到结果的工作；
- 微观管理。

独自一个人工作并不会让你感到不安。不论你是独立工作、与他人协作，还是委派他人完成工作，你的目标就是快速完成任务。你喜欢简化流程，删繁就简，只保留必要环节，从而提高工作效率。

容易遭人误解的地方

你说话办事很直率，因此其他人很可能认为你是一个自以为是、目中无人的家伙。好吧，那么请你先老老实实地回顾一下自己的所作所为。你以前是否有过停下自己的工作为别人搭把手的情况？你在采取行动之前询问过别人的看法吗？是的，对你来说，为他人提供支持并不是最重要的事情。你的这些特点，还有你果断甚至独断的风格，难免给人一种印象，就是你只在乎自己，从来不关心他人。

发现你的行为模式

在没有想清楚结果之前，你不会贸然采取行动。但是，有些人却不了解这些，他们认为你总是急于行动，不计后果。你需要对此格外关注。

因为你基本不需要来自他人的激励和表扬，所以你也就不能意识到其他人对激励和表扬的渴望。

需要与他人分享的信息

你也许需要与他人分享以下方面的信息：

- 你希望他人在指导你的工作时，能够开诚布公、态度友善，你不喜欢被人直接命令；
- 如果能让你自己做主，你一定会竭尽所能，把事情做好；
- 当你不得不依赖他人的时候，你会感到很不安；
- 一有新主意你就喜欢马上付诸行动；
- 你希望自己的观点得到其他人的支持；
- 你希望其他人能给你尝试的空间；
- 对于那些优柔寡断、行动缓慢的人，你没有耐心。

如何与你的同事分享以上这些信息呢？是不是告诉他们："看，我就是这样。你们要么接受我，要么请自便。"当然不能这样。我们希望与他人分享以上信息，而不是用这些信息去惹别人不高兴。

假如某个早晨，你的老板来找你，准备给你布置一项新任务。老板说："我们需要对我们的新产品进行宣传，我希望你能提出一些好的

第4章 D型（支配型）：直接、果断

建议。也许你可以和比尔、玛丽合作完成这项工作。"

如果你采用典型的 D 型风格，你的反应是以下这样的。首先，你希望独自负责这项工作；然后，你会和老板说："这项工作让人激动。我先把自己的想法写出来，然后和比尔、玛丽一起讨论，你看行吗？"

如果能这样提出自己的想法，不仅可以清楚地表明你认为独立工作更为高效的观点，而且还不会因为你直接的 D 型风格而冒犯别人。

再举个例子，假如你是一个团队的成员，你们团队准备编写一份报告。你认为自己思考和写作的速度都很快，但你没有耐心对数据进行收集整理，也没有耐心对报告草稿进行一遍遍的审查、修改、编辑和校对。那么，你可以和其他成员这样来分享你的信息："兄弟们，我的强项是写报告草稿。你们把数据分析结果给我之后，我很快就能写完报告。不过我希望最好有人能对我写的报告进行一下审查、修改、编辑和校对。"

如何获得他人的建议？

如果你不注意自己的说话方式，那么很可能会直接终止讨论，甚至其他人再也不会给你提供任何信息和建议。因此，当你需要其他人和你分享信息时，你的遣词造句一定要谨慎。要特别关注和尊重其他人的观点，并且保持一种开放接纳的态度。

不要说："我喜欢你的方案，但你遗漏了一些重要的事项。"

而是说："我喜欢你的方案，我们能不能考虑再补充一些……"

不要说："我不是这么看的。"

发现你的行为模式

> **而是说：**"不知道你有没有兴趣听我说一下我的想法，看看和你的想法有什么不同。能不能请你谈一下你的想法？"
>
> **不要说：**"这是个有趣的主意。但是，太不现实了。"
>
> **而是说：**"这是个有趣的主意。我们还可以有另一种方案……"

需要格外留意之处

D型风格很容易导致不合群。这说明，在特定情境下，你比其他人更加喜欢依靠自己。推己及人，你会误以为其他人也和你一样，不需要帮助，不需要建议，不需要指导。而另一方面，其他人可能以为你需要帮助，而他们的这些帮助会让你感到非常苦恼。

在你看来，没有你办不到的事情。从好的方面讲，这是一种能量、一种自信，而且具有传染性。但是，其他人可能并不像你那样乐观、有激情、自信，而且行动快捷。你不喜欢其他人总是劝你放轻松、谨慎点，要劳逸结合。你有这种想法并不奇怪，因为你的行事风格曾经给你带来过成就和荣誉。但是，你也因此错失了很多机会。在制定决策时，你不喜欢寻求周围人的建议，即使他们主动给你提出建议你也不会接受，虽然他们的建议可能是为你的项目提供一个更好的方案，或者他们期望为你的工作提供有力的支持。

第4章　D型（支配型）：直接、果断

走出困境

困境：你很直接地说出了自己的想法，但让其他人感到无所适从，很不舒服。

对策：在提出建议或批评之前，先获取别人的许可，比如，可以这么说："你是不是想听一下我对这个项目的看法？""你现在有时间吗？我们讨论一下这个项目吧？"

困境：你没有机会独当一面。

对策：虽然你完全可以自我管理、自我指导，但是花时间让其他人了解你的工作，效果会更好。有些 DiSC 风格的人希望了解详细信息，但不论什么风格，每个人都希望有一种参与感。

困境：你的计划不能得到其他人的认可，为此你很烦恼。

对策：你只想告诉别人最终的结果，但其他人更希望了解整个过程。因此，不要只告诉大家结论，而是要向大家展示一遍过程。

困境：最终结果不符合你的期望。

对策：在向目标迈进的过程中，你很可能忽视了某些细节。因此，以后不妨放慢速度，花时间考虑一下各种可能的风险。

困境：其他人发言的时候，你关上了耳朵。

对策：你错失的很可能是非常关键的信息，因此你要强迫自己集中精力，认真倾听。相关的技巧包括不时地提问，不时地总结。

困境：同事们没事儿就喜欢家长里短地闲聊，你简直忍无可忍。

对策：你的同事在开始每周的状况报告会之前，都会先闲聊10分钟。遇到这种情况，你不妨在会议议程上正式加上10分钟的闲聊时间，这样你就不会感到别人在浪费时间、拖延进度了。

困境：为你工作的某个人态度越来越消极。

对策：你自己不需要别人的反馈，因此你以为别人也是这样。为你工作的人也许需要你的定期反馈、公开认可和及时表扬。

你的底线

面对某种情境，如果你的观点和贡献能够得到其他人的认可，那么他们也会同时赏识你的行为方式。但如果不加注意，你的这种我行我素的行为方式很可能会疏远他人。你勇于尝试、敢于冒险的精神对团队很有价值，如果你愿意多花些时间对自己的方案精雕细琢，那么你的价值会更大。

D型风格分析

优势 →	出现压力时的表现 →	压力超出承受极限时的表现
直接、果断	专制、跋扈	离开、撤退
		↓
		建议你采取更好的做法
		倾听、解释

第4章 D型（支配型）：直接、果断

D型在工作中

持续表现为D型风格的人可以让团队充满活力，也可以让团队筋疲力尽；他既可以激发热情，也可以让团队充满威胁。当面对重大项目，需要有人克服一切困难实现目标的时候，D型风格的人是不二人选。

下面说一个案例。在刚刚有个人计算机时，比尔就从事客户软件的设计和开发工作。他曾开发过一套专用软件，用来管理和解决"即时生产"中库存管理的复杂问题。他的软件可以帮助企业最大限度地降低库存成本，帮助企业真正实现"即时生产"，企业只在生产环节需要的时候订购材料，没有库存，同时还不会影响正常的生产计划。

几年前，一个大型的家电制造厂邀请比尔为它们开发一套"即时生产"系统，它们对软件提出了严格的需求规格。比尔意识到这个项目的难度很大，但其他人（包括比尔的老板）都无法预测项目的难度。因此，在项目刚开始的时候，比尔总是想方设法地屏蔽来自老板甚至客户的建议。他看了一遍客户提供的软件需求规格，发现这些需求根本就没有实际意义。于是，他把这些需求规格放在一边，根据自己的经验开始潜心研究新的软件方案。

比尔独自完成了接近85%的设计和开发工作，并且调动公司内外的资源完成了其余的工作。软件终于开发完成，但是alpha版本却遭遇失败，而且遭遇了连续13次失败。

发现你的行为模式

离客户要求交付 beta 版本的时间越来越近了。

"比尔，什么时候才能看到你的产品？"老板有些沉不住气了。

"很快。"比尔回答。

比尔表现得很自信，他没有把这 13 次失败看成灾难，而是看成了学习的过程。反反复复地测试和修改，最终比尔按时交付了一个没有缺陷的 beta 版本。这个最终交付的版本不是满足了客户的需求，而是远远超出了客户的需求，比尔的产品不仅能够实现客户要求的功能，而且解决了客户在需求规格文件中根本没有识别出的潜在问题。

第 5 章

I 型（影响型）：乐观、开朗

> **与 I 型有关的名句：**
>
> - 有本事不如认对人（It's not what you know, it's who you know）。
> - 人比事重要（People are more important than things）。
> - 来吧，一起跳舞（Let's boogie）。

面对某种情境，如果你的反应为 I 型，那么说明你是一个非常注重人际关系的人。与人相处会让你很有成就感，而其他人也觉得和你在

发现你的行为模式

一起非常融洽。注重人际关系具体会体现在多个方面，比如，你很容易和别人成为朋友，你很善于建立人际关系网络，你喜欢聚会和社会活动，喜欢与人闲聊，喜欢参加各种庆祝仪式。

富有热情，充满喜悦，你既喜欢表达又喜欢表现。别人都会认为你外向、开朗、乐于助人。你渴望与人分享你的想法，你的语言表达生动活泼，极富感染力。你很吸引人，你也很容易被别人吸引。当你加入一个团队时，你很快就会融入其中成为团队的一分子，而且这个过程对你来说非常自然。如果有一个适合你的环境，你的正面能量会迅速扩大。

I型：你是如何看待所处情境的

认为自己所处的情境是有利情境	认为自己有能力掌控情境
认为自己所处的情境是不利情境	认为自己没有能力掌控情境

你为团队带来的价值

行为模式为 I 型的人擅长把不同的人团结在一起，创建团队凝聚力，让不同类型的人在一起互相协作。

如果你的反应类型为典型的 I 型，你会发现你总是被团队选为发言人。而且当其他人有一个新主意，或者需要推进一个新项目的时候，他们总喜欢把你拉拢到他们一边。因为当需要向人们介绍和推荐这些新主意、新项目时,你是最佳的人选。

典型的 I 型人经常和同事有一些围绕业务的闲聊,其实这样的闲聊对团队来说也颇有价值。不论是在走廊上,还是在咖啡间,与同事轻松地聊几句可以提振团队士气,增进团队凝聚力。

容易遭人误解的地方

你总是表现得非常友善,对每个人都抛出橄榄枝,因此,很多人愿意向你倾诉秘密,并且希望得到你的帮助。别人可能认为你有取之不尽、用之不竭的耐心和同情心,但事实上,你的实际情况和别人的期望之间存在着差距,这就会让一些人认为你故作迟钝,甚至有些虚伪。

I:影响型

什么让你精神鼓舞?
- 与他人对话;
- 快速的口头反馈;
- 热情洋溢的赞美;
- 理解并认可你的感受。

什么让你心灰意懒?
- 沉默寡言的、不友好的同事;

发现你的行为模式

- 严格的进度计划；
- 悲观情绪；
- 日常的、琐碎的任务。

什么环境让你心存欢喜？

- 快节奏；
- 正面的反馈和认可；
- 充满变化和创新。

什么事情让你避之不及？

- 冲突；
- 缺乏赞赏；
- 琐碎的工作；
- 重复的工作；
- 独立的工作。

需要与他人分享的信息

你擅长影响他人，但你并不喜欢为他人负责。这并不是说你不关心别人，而是因为你总是那么热情、友善、开朗、引人注目，因而很容易让他人产生不切实际的期望。与你初次见面，对方常会有相见恨晚的感觉，但其实你并没有刻意向对方传递任何与此相关的信息。

因为你很开朗，很善于表达，因此当你需要和他人分享信息时，你不会觉得有丝毫的为难。

如果你总是表现为典型的 I 型风格，那么当团队遇到以下的任务时，你一定要主动请缨，因为你是最合适的人选：

- 招聘新人；
- 说服他人；
- 帮助他人建立自信；
- 团队建设活动。

当然，如果需要一个人独立完成一项工作，你也能行。但是相对而言，你更适合和团队成员协作，尤其是需要团队通力协作完成一项重要而艰巨的任务时，你会表现得得心应手，非常出色。

需要格外留意之处

典型的 I 型风格的人很难从始至终、认认真真地跟踪工作的每个细节。I 型风格的人喜欢启动新工作，但不喜欢跟踪后续环节，因此 I 型风格的人要学会严格管理自己。

另外，有时候社交活动会成为影响团队效率的一种让人讨厌的因素，特别是需要安静、独立地完成项目工作时。你的行为可能会打扰其他成员的工作，但更重要的是分配给你独立完成的工作你总是不能按时交付。你不是懒惰，也不是故意延误，而是 I 型风格的人只有在团队协作的过程中才能充分发挥自己的潜能。当需要你一个人独立工作时，你总是心神不定，找不到感觉。

走出困境

困境：你的项目因为细节上的问题正在脱离正轨。

对策：所有这些琐碎的工作都会让你感到厌烦，你的这种态度很危险，很可能导致"整列火车脱轨"。因此，你必须严格要求自己，强迫自己关注细节。当然还有另一个办法，就是找一个酷爱细节的人与你合作。

困境：一个装有半杯水的杯子。你的看法是"杯子里还有半杯水"而不是"怎么就剩半杯水了"。

对策：当观察一个人或一种情境时，你看到的事实虽然乐观，但并不全面。因此，不妨尝试着去关注一下事物的消极面。拥有积极乐观的态度非常重要，但你还需要了解负面情况，制定应对策略，否则那些潜在的风险在日后很可能冒出来阻碍你前进的步伐。

困境：你很想和某人闲聊一会儿，但是对方反应很冷淡。

对策：并不是每个人都像你一样，没事儿就喜欢扎堆儿聊天。因此，下次要聊天的时候，记得要找那些和你一样的善聊人士。

困境：你认为聊天是正常的社交活动，但你的老板却认为这纯属浪费时间。

对策：告诉老板，为建立社交关系所花费的时间只是水滴，将来得到的回报将如泉水。

第 5 章 I 型（影响型）：乐观、开朗

你的底线

日复一日的组织运作需要像你一样擅长人际关系的员工。

在特定情境中，你表现为典型的 I 型风格，这时，你特别注重和其他人保持协调一致，而不是一意孤行、我行我素。但这并不是说你不适合当领导，你也并不是一个随从者，而是你更加关注团队的整体氛围，你不喜欢狼烟四起、剑拔弩张的紧张气氛。宽松和谐的氛围会让你感觉如鱼得水、得心应手。在创造这种氛围的过程中，你不是简单地屈从于他人的意志，相反，你有合适的办法来调整他人的意志和需求。因此，在大部分情况下，你是一个令人尊重和受人爱戴的人。

I 型风格分析

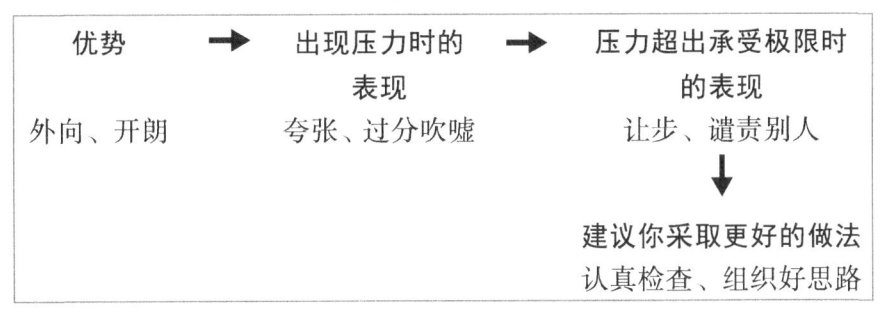

优势 →	出现压力时的表现 →	压力超出承受极限时的表现
外向、开朗	夸张、过分吹嘘	让步、谴责别人
		↓
		建议你采取更好的做法
		认真检查、组织好思路

I 型在工作中

"你们新买的客户数据软件投入运行了？"

发现你的行为模式

"是的，投入运行了。"艾德边吃着开胃菜，边回答。"项目进展得非常顺利，连我自己也感到很吃惊，我们部门的人很快就适应了这套新软件。你知道吗，现在我们这儿的每个人都是使用计算机的行家，计算机已经成了我们的第二语言。"

"嗯，不错，以前可不是这样啊！"

"以前当然不是这样，"艾德说，"还记得我们第一次引入客户数据软件的时候吗？看着那个陌生的东西，我们都很害怕。当时我们的老板是珍妮，你认识的。她当时面临的压力很大，担心我们什么时候才能学会使用这个软件。在学习使用这个软件的过程中，生产效率一定会受到影响，甚至有可能造成员工流失。珍妮清楚地知道所有员工都会抗拒这个新引进的东西。因为当时的员工都是老员工，他们都有一套自己的做事方式，而且效果都还不错。而珍妮和我却要告诉大家：'现在，你们必须按照新的工作流程做事，必须学会使用这套新的计算机软件。'

"这不是一件容易的事情。有一天，我正在和珍妮讨论采用什么方式和员工沟通这件事情的时候，碰巧抬头看了一眼走廊，发现正好有六七个员工围在汤姆跟前说着什么。汤姆，你还记得吗？"

"当然记得了，没有人能忘记他。"

"对，就是那个热情洋溢的销售员。汤姆是个销售员，但他不喜欢分析市场调查数据。有一次，我让他校对一份新产品的广告文案，结果他什么问题都没能找出来。汤姆有个优点，就是善于与人沟通。不论是一对一的沟通，还是团队沟通，汤姆总能达到预期效果。他的讲话很有感染力，不知不觉你就会被他牵着走了。

"回到刚才的故事中，当时我看到了一群人围着汤姆，饶有兴趣地听他说话，忽然一个念头出现了。我马上告诉珍妮：'有办法了，我们可以请汤姆来合作。'"

"什么？汤姆？"珍妮一时没有反应过来。

"我是这样告诉珍妮的：'汤姆是一个天生的销售员，是一位高超的说客，几乎什么人他都能搞定。因此，在引入数据软件这件事情上，我们的方式不再是直接给大家发放技术手册，然后请老师给大家提供技术培训。相反，我们可以通过汤姆来完成这件事。我们先让汤姆学会软件的应用，让他首先感受到工作效率的提高，然后由他去影响大家。'

"不瞒你说，珍妮一开始并不看好这个主意，她认为汤姆不是技术人员，这你是知道的，我想他根本就不喜欢碰计算机。

"'没关系。'我告诉珍妮。'这不重要，重要的是人们都喜欢他，而且听他的话，相信他说的。如果我们先把汤姆拉上船，那其他人一定也会跟着上来。说服汤姆在他的项目中率先使用这个软件可能需要花些时间，但如果我们告诉他这样做的目的，我相信汤姆一定会同意的，即便他真的不喜欢计算机。对他来说，计算机从来都不是他关注的，他关注的是人。'"

"后来呢？"

"后来……我不得不承认教汤姆学软件确实非常辛苦，但他非常努力。他遇到过一些挫折，但仍坚持学习，最后终于学会了。这时候，

发现你的行为模式

在大家面前，他简直成了一只骄傲的老虎。

"当然，我们并不期望汤姆完成所有的技术培训课程，我们只期望他掌握软件的基本应用并能体会到软件带来的价值。更重要的是，我们希望汤姆向其他人宣传这套软件的必要性和价值，同时调动大家学习软件的积极性。汤姆顺利地完成了他的使命，每位员工都从心底接受了这套原本陌生的软件。于是，我们请来了专职培训师，架起了投影仪，打开了演示程序，开始为大家提供正式的技术培训。每位员工的学习热情都非常高涨，我们的数据库系统总算克服了阻力，步入了正轨，而且进展得相当顺利。"

第6章

S型（支持型）：善解人意、愿意协作

与S型有关的名句：

- 不要破坏现状（Don't rock the boat）。
- 二鸟在林，不如一鸟在手（A bird in the hand is worth two in the bush）。
- 坚如磐石，勇扛重担（Like a rock）。
- 随叫随到（I'll be there）。

面对某种情境，如果你的反应为 S 型，那么表明在这种情境下，你愿意帮助他人，也有能力帮助他人。你希望为每个人提供便利，而且不需要别人提出，你自己就能主动找到别人需要帮助的地方。同时，你做事的时候，讲究合情合理、公平、公正。

你不喜欢与人冲突，当其他人的方案与你的方案有差异时，你宁愿让他们照着自己的方案行动，也不愿意和他们争辩。而你在制订方案时，总是会顾及每个人的想法，希望方案能适合所有的人。你不是委曲求全，只是其他人的方案在你看来真的也没什么不好。只要不会引发颠覆性的变革，一般的方案你都能接受。你喜欢稳定，但如果你理解了变革的必要性，你就会义无反顾地支持变革。

S 型：你是如何看待所处情境的

认为自己所处的情境是有利情境	认为自己有能力掌控情境
认为自己所处的情境是不利情境	认为自己没有能力掌控情境

你为团队带来的价值

所有的团队都喜欢乐于助人的人。

同时，你还可以帮助团队中的其他人最大限度地发挥他们的潜力。你经常表扬和鼓励他人，当需要提出建设性的批评意见时，你总是采用幽默、睿智的说话方式，让别人很容易接受你的意见。当然，你一

第 6 章　S 型（支持型）：善解人意、愿意协作

定会主动帮助他人解决问题。

容易遭人误解的地方

乐于助人、容易相处，这对任何人来说都是优点。但是，有些人会认为你不愿意参与决策。事实上，当面临问题时，你非常渴望参与到解决问题的过程中。

突如其来的变革会让你感到无所适从。你不喜欢向人诉苦，所以你的同事并不知道你的这一特征。

在特定情境中，你保守、稳健的做事风格对团队很有帮助。你行事谨慎，因为你能清楚地看到变革带来的风险。你可以帮助团队识别潜在问题，但这也容易遭到他人的误读，他们会认为你因循守旧、阻碍创新、胸无大志。没有关系，说出你的担忧，虽然这些担忧的声音可能让某些人厌烦。

S：支持型

什么让你精神鼓舞？

- 与他人协作；
- 清晰定义职责和授权；
- 为他人提供良好的服务；
- 在工作中有安全感。

发现你的行为模式

什么让你心灰意懒？

- 快速的、出乎预料的变革；
- 竞争；
- 挑衅、具有侵略性；
- 缺乏来自经理或同事的支持；
- 直面冲突。

什么环境让你心存欢喜？

- 可以预测、井然有序的；
- 和谐的；
- 非正式的；
- 友善的。

什么事情让你避之不及？

- 无法预测的、不确定的；
- 没有组织、没有秩序的工作场所。

需要与他人分享的信息

你应该让别人知道，如果你对任务有完整、清晰的了解，知道任务背后的原因，那么你工作起来一定会非常愉快，而且效率很高。

还有一点很重要，就是你必须把自己的想法说出来。你有一定的灵活性，但你不会轻易屈从他人的意见。如果你不把自己内心的想法明确提出来，别人就会认为你没有想法，或者你同意别人的意见。当他们最后发现你和他们并不在一条船上时，他们会感到吃惊、失望，甚至会恼羞成怒。

你喜欢幕后工作，你不愿意生活在聚光灯下。但是，不要让自己被埋没了、被忽视了，不要让别人认为你是一个没有主意的人。

需要格外留意之处

你喜欢成为关注的焦点，你不希望成为麻烦的制造者，因此，你总是不表露自己的感受。这会让其他人觉得你很容易相处，但你自己却承受了风险，因为你不发表看法，所以别人会认为你从来就没有看法。当遇到重大事件的时候，人们可能忘记征询你的看法。这不仅不利于你的职业发展，而且也会让你心情不爽。因此，你需要做出一些改变，你要主动了解信息，在制定决策时你要主动提出你的看法。把你的担忧大声地说出来，否则这些担忧会一直困扰着你，影响你的心情和工作状态。

走出困境

困境：你不喜欢自己的日常工作被变革所扰乱。

对策：逐步改变自己对待变革的态度，提高自己的适应能力，让自己变得更加灵活一些。如何让自己面对变革时变得更为灵活？这和在健身房锻炼身体的灵活性是一样的：锻炼的次数越多，灵活性就越高。

困境：面对重大变革你感到茫然无措。

对策：试图去了解有关变革的完整信息，了解了充足的信息之后，你就不会过于紧张。因此，不妨主动去问问题。采用积极的方式向相关人提问，鼓励这些人开诚布公地向你提供完整、真实的信息。你可以这样提问："这个新方案听上去不错，请问它会给我们带来怎样的好处呢？"千万不要这么问问题："为什么我们必须采取新方案？"

困境：开会时你几乎不说话。

对策：可以在个别交谈时告诉他人，虽然你有些拘谨，但如果其他人能主动征询你的看法，你会感到很高兴。你也要开始逐步改变自己，比如，开会时选择一些不太敏感、不太容易引发争执的话题，主动提出自己的看法。记住，你的见解颇具价值，所以尽管大胆地把它说出来。

困境：面对他人的赞扬，你感到无所适从。

对策：典型 S 型的人总是表现得过度谦虚。下次，当别人赞扬你时，不妨慷慨地接受它。不要一味地把自己的成就说得一文不值，而要充满自信地看着对方的眼睛，真诚地说一句"谢谢"。然后给自己 30 秒的时间，让你的内心好好享受一下被赞扬的感觉。

第6章 S型（支持型）：善解人意、愿意协作

你的底线

你谦虚的品质颇受人们喜欢，而且很容易让人消除戒备，但总是弱化自己的贡献并不是一件好事。虽然你觉得自己所做的事情没有什么了不起，但其他人还是会很感激你的支持，而且也愿意告诉你他们的担忧。因为他们知道，你会认真倾听，而且还会为他们保守秘密。这当然很好。

你不会主动和其他人分享你的观点，但如果有人主动征询你的意见，你一定会毫无保留地与他们分享。但是，如果没有人主动来询问你的看法，你通常就会保持沉默。

你有耐心，喜欢帮助别人，而且踏实可靠。在聚光灯下，人们很难找到你的身影，但每个人都清楚，你的支持必不可少。

S型风格分析

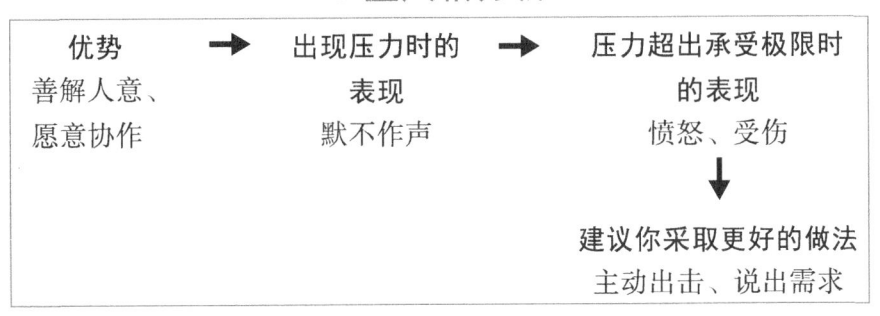

优势	→	出现压力时的表现	→	压力超出承受极限时的表现
善解人意、愿意协作		默不作声		愤怒、受伤 ↓ 建议你采取更好的做法 主动出击、说出需求

发现你的行为模式

S型在工作中

有段时间，制造业领域的很多企业都把它们的运行职能分为两部分：前端业务和后端业务。前端业务包括销售人员，他们需要经常走出去和客户谈业务；后端业务包括客户服务人员，他们的工作是为客户提供支持服务。处在前端业务的人们经常被荣誉和光环环绕着，所以，那些雄心勃勃的求职者没有人喜欢去从事客户服务的工作。

今天，这种情况正在发生变化。企业经营的产品日趋复杂，技术含量越来越高。高科技企业发现，客户越来越看重藏在产品后面的服务水平。尤其是在个人计算机领域，由于不同企业提供的产品包含的技术含量越来越接近，所以客户售后服务成为企业之间竞争的主要差异化因素。

高科技企业把它们的客户服务职能称为"客户支持"。支持，这个词对于那些典型的 S 型的人来说最合适不过了。下面就举一个这方面的例子。

珍妮拿起电话，话筒中传来了某投资公司一个部门经理充满愤怒的声音。客户那边出了大事，有人为他们业务网络中的计算机设置了不合理的密码（珍妮怀疑就是部门经理自己干的），所有和客户的交易都不能正常进行。

第6章 S型（支持型）：善解人意、愿意协作

"请你们马上采取行动，不论用什么办法，马上让业务恢复正常！"

珍妮当然希望马上采取行动，为客户提供帮助。事实上，帮助客户解决问题也正是她的职责所在。

珍妮很清楚自己有责任保护这家投资公司的安全，同时，珍妮也没有忘记，作为一名员工她必须遵守自己公司的安全政策。珍妮可以马上采取应急措施，但这会违背两家公司之间的安全协议，而且并不能从根本上解决问题。珍妮当时所处的形势很严峻，时间很紧急，客户要求马上采取行动，越是这种情况，越不能忘记安全方面的规定。

珍妮平静而耐心地向焦急的部门经理解释，她告诉客户遵守安全协议完全是为了保证客户的利益，虽然会导致业务操作停顿几分钟。在采取行动之前她必须先确认所有的行动措施符合安全协议，这么做完全是为了投资公司内部的安全，同时也为了投资公司的客户的安全，为他们建立一道坚固的安全屏障。珍妮没有简单地告诉部门经理"我必须遵守我们公司的规定"，而是耐心细致地解释了安全协议对客户的真正价值。

珍妮知道她所面对的是一个内心焦急如焚的人。因此，她首先表达了对对方处境的理解和同情，并且表达了自己的歉意。然后，她开始细致地向对方做解释：如果公司的计算机网络安全规范不能得到严格的保证，那么任何人都可以随时潜入网络做出一些黑客的举动。如果这种情况继续存在，类似的灾难还会再次发生。同时，珍妮没有忘记对部门经理的情绪进行安抚，避免对方有一种被指责的感觉。

发现你的行为模式

危机解除之后，珍妮就问题过程向客户提交了总结报告，其中进一步强调了事件中的安全防范意识，也正是这种安全意识才能确保投资公司向其客户提供安全、专业的高品质服务。

珍妮成功化解了危机。一个近似灾难的事件转变成了一个提升客户体验的成功案例。

第 7 章

C 型（尽责型）：担忧、纠正

> 与 C 型有关的名句：
>
> - 一针及时省九针（A stitch in time saves nine）。
> - 有序组织、合理安排（Get your ducks in a row）。
> - 细节决定一切（It's all in the details）。
> - 第一次就把事情做对（Do it right the first time）。

面对某种情境，如果你的行为模式为 C 型，那么你总是在担心所做事情的正确性，你对质量相当挑剔，你会主动花费时间把委派给你的任务从前到后反复检查一遍。你不太在乎做事的速度,你关注的是要把事情做对。

你对别人的要求很高,对自己的要求更高,你为这种高要求而自豪,因此你会不断超越自己,向更高的标准迈进。当然也有极少的时候,你不能达到自己设定的高要求,一旦出现这种情况,你会感到非常失落。

你为团队带来的价值

当面临一个不能有任何闪失和错漏的任务时,团队特别欢迎典型C型的人。如果你一直就拥有生产高质量产品的声誉,那么你经常会得到委派去评估或检查他人工作的机会,如对外部供应商的产品或服务进行审查。

当接到这种任务时,你会严格遵循规章制度,对产品严格把关。也许在这个过程中,有些人会跳出来对你的工作横加干涉,此时,你更多的是抱怨,而不是采取行动去消除这些阻碍因素。

你喜欢事先制订严密、详细的工作计划,这种习惯会对团队中的其他成员造成压力,而这正是你的价值所在。正是由于有你的坚持,每个项目在正式实施之前必须经过周密的筹备和规划。

第7章 C型（尽责型）：担忧、纠正

C：尽责型

什么让你精神鼓舞？

- 希望一切都正确；
- 逻辑、系统的思考方式；
- 对质量和精确性的奖励；
- 具体的反馈信息。

什么让你心灰意懒？

- 规则和要求经常发生改变，而且没有解释；
- 缺乏足够的时间来消化信息；
- 强制参加社交活动；
- 缺乏质量控制。

什么环境让你心存欢喜？

- 有足够的时间和资料来实现你的标准；
- 稳健、业务驱动、任务驱动。

什么事情让你避之不及？

- 遭受批评；
- 缺乏时间去评估后果；
- 环境中充满感情因素；
- 公开个人信息。

发现你的行为模式

容易遭人误解的地方

有些人会把你的高标准看成一种威胁。他们觉得你总是在不停地审查别人，而且经常发现别人不能满足你的要求。也有些人不理解你为什么把标准定得那么高。当你检查别人的工作时，有些人可能对你的细致和严格心存感激，但也有些人觉得你吹毛求疵、过于苛刻，因此对你的行为多少有些不耐烦。

其实，你可以提出一些很好的办法来帮助别人减少错误。如果你只是一味地要求别人遵从你设定的流程，那么你看上去就显得控制欲太强，企图控制他人的行为。而事实上，你并不喜欢控制他人，你从来都是对事不对人，你追求的只是高品质的产品和成果。

C 型：你是如何看待所处情境的

认为自己所处的情境是有利情境	认为自己有能力掌控情境
认为自己所处的情境是不利情境	认为自己没有能力掌控情境

需要与他人分享的信息

你需要让别人了解你的一些特征，比如，在开始工作之前你需要对工作有完整、详细的了解；其他人对你有什么期望，你希望事先就能知道；你希望得到完整的信息和清晰的指导，这对你很重要。如果信息不完整或指示模棱两可，你会觉得无所适从。当你不能获取完整信息的时候，你总是会把各种可能的情况都考虑一遍。不了解你的人认为你过于谨慎，你会为每个计划制订一个备份计划，甚至还会为备份计划再制订一份备份计划。

主动了解他人对你的期望，主动告诉他人你的标准和要求，包括你对自己工作的要求，同时还包括你对他人工作的要求。有时候你需要主动建立规则、标准和检查表，既要坚持自己的高标准、严要求，同时还要兼顾团队其他人员的要求和期望。

如果有人对你严格的做事风格提出抱怨，你要耐心地向他们解释清楚：你只是在检查他们的工作，你从来都是对事不对人。

需要格外留意之处

有时候追求完美非常困难，有时候追求完美没有必要。但是，要让你理解以上的观点非常不容易。在追求完美的过程中，人们很可能错失很多良机，因此，有些情况下，"完成"比"完美"更重要。

走出困境

困境：又一次没能按时交付。

发现你的行为模式

对策：尽可能在你的进度计划中预留出足够的缓冲时间，这样你就可以仔细、认真地检查和完善每项工作，同时还不会耽误最终的交付期限。

困境：老板很生气，因为他需要的报告你迟迟不能提交。

对策：你一定要警觉，有些情况下，"完成"确实比"完美"更重要。也许你应该问一下老板为什么这么着急要这份报告，每个紧迫的进度要求背后必定都有迫不得已的原因，只是你不知道而已。

困境：你不希望其他人在你的工作中发现错误。

对策：想一想，也许他们只是想帮助你。他们发现的问题正是被你无意忽视的内容，这么做完全是为了提升产品的质量。

困境：你快被压垮了。

对策：让自己放松，人非圣贤，孰能无过，不要要求自己十全十美。

困境：你提出的批评虽是良言，但很容易招人怨恨。

对策：你提出的建设性意见当然是有价值的，但你要权衡一下，也许采用表扬的方式可以起到更好的作用。这并不是让你变得虚伪，下次，当你检查他人工作时，留意去发现其他人做得好的地方，一旦发现，就马上告诉当事人，这就是表扬。

你的底线

你不仅对自己负责的产品质量要求非常严格，而且你还会帮助别

第 7 章　C 型（尽责型）：担忧、纠正

人控制产品质量，这当然是一件好事。但是，你严格的态度对某些人而言是一种压力。因此，你需要仔细倾听周围同事的想法和感受，同时你也要向你的同事开诚布公地说明你的行为方式：你只是对工作持有一种高标准、严要求的态度，你绝不是抱有其他企图去冒犯共事者（包括下属、老板、合作者等）的想法。

C 型风格分析

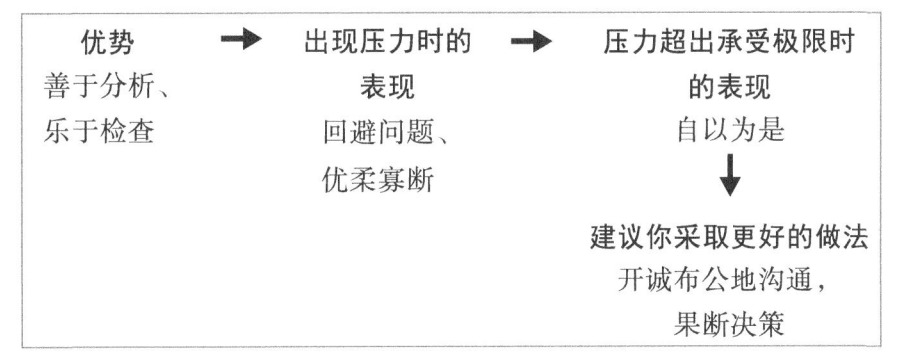

优势 →	出现压力时的表现 →	压力超出承受极限时的表现
善于分析、乐于检查	回避问题、优柔寡断	自以为是 ↓ 建议你采取更好的做法 开诚布公地沟通，果断决策

C 型在工作中

完美的质量会让你的客户、老板、投资者、同事、下属还有你自己感到满意。

典型的 C 型的人总是不放过任何一个创造高质量的机会。客户服务顾问 T. 斯科特·格罗斯（T. Scott Gross）在 1994 年写了一本名为《领导你的非常服务团队》(*Leading Your Positively Outrageous Service Team*)的书，其中分享了给他留下深刻印象的通用汽车公司的一则广告，广告标题为：我们食言了，我们没有按时交付，我们让每个人饱受折磨，

87

发现你的行为模式

我们花掉了公司的大把钞票，我们只是想把事情做对。

广告的内容是这样的：

> 如果你是通用汽车公司的一个部门经理，你正在负责一款新车型的发布，发布的日期眼看就要到了，但新车型还没有完全准备好，你该怎么办？碰上这样的情境并没有什么特别，每款车型从流水线上下来的时候都会带着一些小故障。如果你之前曾经向你的老板信誓旦旦地保证一定按时交货，如果顾客已经排了长长的队伍在门口等待，你该怎么办？吉姆·普尔科和他的团队是这么做的：他们放弃了原定的产品发布，而是告诉大家，"当我们认为这款新车真的准备好了的时候，我们才会让它进入市场"。吉姆·普尔科做了一件正确的事情，所以那个晚上他舒坦地睡了一个安稳觉。

这个广告的含义非常明确：用正确的方法做正确的事情，这是每个人的持久取胜之策。

第8章
阅　人

阅人可以把你的视角和其他人的视角结合起来,从而增进与他人的沟通和协作,提升工作效率和工作愉悦度。

到目前为止,本书一直在以你为中心,讨论你在特定情境下的想法、感觉和行为模式。但事实上,在每种情境中,所涉及的人员并非只有你自己,其他人也会对情境做出他们的反应,你可能喜欢他们的反应,也可能对此很不以为意。

针对每种情境,身处其中的人都会有自己独特的看法。有些人的看法与你很接近,而有些人的看法却与你大相径庭,以至于你会怀疑他们看问题的方式是否出了问题。当然没有出问题,只是每个人看问题的角度不同。好比在看待同样的事物时，每个看客所佩戴的眼镜颜色不同而已。

你可以想象这样一种情境：面对同样一种情境，四位看客佩戴了不同的眼镜。第一位戴着红色镜片的眼镜，是典型的 D 型；第二位佩戴着熠熠发光的银色镜片的眼镜，是典型的 I 型；第三位佩戴的是温暖的橘黄色镜片的眼镜，是典型的 S 型；第四位拿的是一个黑白框的放大镜，是典型的 C 型。每个人看待事物的方式就是这么不同。

现在可以想一想，情境中涉及的众人，每个人佩戴的都是什么眼镜？

同样，再想一想，你戴的眼镜和其他人有什么不同？

没有人故意制造冲突

把一个深蓝色的物体和一个深红色的物体紧挨着放在一起，你会发现两种颜色的反差特别大，甚至会引发视觉冲突。颜色如此，我们的眼睛和大脑也是如此，巨大的反差经常会引发冲突。遗憾的是，尽管人们不喜欢，但这种反差现象仍然存在，不论是物理层还是意识层的。

把 D 型和 S 型的人放在一起也会引发冲突。虽然当事人都不会主动选择冲突，但结果就在那里。如果你能意识到这一点，你就能比较容易地在这种情境中抽身出来，重新以冷静的态度审视问题。即使那些看上去很难相处的人，他们也不会从主观上故意把局面搞得乌烟瘴气、乱七八糟。

第8章 阅人

谈到人与人之间冲突时，人们通常会把它定义为"个性冲突"，其实这是对每个人所持有的不同的感知事物的方式的一种误解。有的人误以为冲突是对方故意为之，并且与人的个性有关，但事实上，大多数冲突是一种无意识的、无目的的结果，是由于人们对特定情境所采取的反应风格的不同而导致的。

举个例子。在珍妮看来，约翰是一个非常讨厌的家伙，因为他总是故意找珍妮的麻烦。实际情况是，约翰和珍妮看待事物的方式截然不同，从而导致了约翰的行为模式让珍妮无法接受。约翰是典型的 C 型风格，珍妮是典型的 D 型风格。并不是因为珍妮选择了 D 型风格，约翰才决定选择 C 型风格，约翰的 C 型风格和珍妮的 D 型风格之间没有任何因果关系。他们所采用的反应方式不同很容易引发冲突，但这和个性没有关系，也没有人蓄意制造冲突。

是真正的讨厌鬼，还是特定情境下的讨厌鬼

有些冲突确实和个人有关。有一次在我们的研修课上，做完 DiSC 测试之后，有人提问："请问您是不是遗漏了一种行为模式，因为我们这里有些人是 O 型——讨厌型（O：Obnoxious），为什么不把你的模型补充成 DiSCO 呢？"

这位学员描述的情况确实存在，确实有一些人，他们自私、圆滑，甚至卑劣。但是，要知道，有些人是真正的讨厌鬼，也就是他们在任何时候都是讨厌鬼，而有些人只是在某种特定情境下才会变成讨厌鬼。

发现你的行为模式

真正的讨厌鬼不管其他人说什么、做什么，他们都一如既往地表现出令人讨厌的特征。如果某个人只是情境型的讨厌鬼，那还是有救的。可以肯定，我们遇到的大部分讨厌鬼都是这种类型的讨厌鬼，他们之所以表现得让人讨厌与他们所处的情境有直接关系。

如果你准备使用 DiSC 工具来分析这些情境型讨厌鬼的表现，那么说明你正在寻找与他们合作的机会。当对一个人做出判断时，你不再依靠表象，而是开始寻求其反应方式背后的原因。

与他人分享 DiSC 工具

最好的方法是邀请其他人一起来使用 DiSC 工具，然后分享各自的 DiSC 打分结果，这样你就可以清楚地了解其他人的行为模式。如果你喜欢目前所学到的有关 DiSC 的内容，那么不妨与你周边的人分享它。

理想的情况是你周边的所有同事都能使用 DiSC 工具并愿意分享结果。很多组织通过举办 DiSC 培训，营造了一种相互理解、协作、认可和信任的工作氛围。当今的工作环境充满了多样性，而且对团队协作的依赖性很高，要保持团队的高绩效，营造恰当的工作氛围至关重要。学习 DiSC 的另一个好处是，同事之间在谈论感觉、想法和行为模式时，能使用一种大家都能理解的共同语言，而且这种语言是客观的，不带任何主观判断的色彩。它只是简单地告诉你"这是什么"，而不会正襟危坐地告诉你"你应该怎么样"。使用 DiSC 工具可以改善团队沟通，促进问题解决，而不再受困于"个性冲突"。

如果你希望在这方面得到更为专业的指导，请联系 Inscape 公司，他们可以提供适用于各个行业且经过授权的 DiSC 培训师。

对个人来说，如果没有丰富的经验，很难担当 DiSC 培训师的角色。如果你希望宣传 DiSC 工具的好处，我们建议你在开始的时候，可以通过一对一的方式向其他人传递 DiSC 的理念。一段时间之后，经过你的持续灌输，当你认为对方具备了自学 DiSC 的条件之后，你可以向他推荐这本书和其他有关 DiSC 的内容。

你向一个朋友推荐，你的朋友又向他的朋友推荐……

成人学习讲究的是实用性，因此只有在需要的时候，他们才会去学习。有一句俗语说得好，"学生准备好了，老师就会出现"。如果你希望吸引那些准备不足的人对 DiSC 产生兴趣，那结果很可能让你失望。但是，如果你此时正在担当某个人的教练或导师，那么在此时引入 DiSC 就再合适不过了。

遇到困境时，如果涉及其中的众人都能冷静下来跑回办公室，使用 DiSC 工具对自己的行为方式进行打分，然后大家坐在一起分享各自的打分结果，那么困境就会迅速得到改善。但在真实的环境中，并不是所有人都愿意这么去做。因此，你需要培养一种能力，通过这种能力可以对他人的反应进行可靠的猜测，这就是我们所说的"阅人术"。

发现你的行为模式

读懂他人

面对某种特定情境，电视中的卡通小人只会冒出屈指可数的几个思考的泡泡，但现实中的人不是卡通人，所以，我们并不能轻易地判断某个人是 D 型、I 型、S 型还是 C 型。

首先，收起你的直觉。到现在为止，你已经了解了四种不同的行为模式。也许你已经开始悄悄地对其他人的行为模式进行分类了。很多人说，他们总是不由自主地通过这种方式使用 DiSC 工具。

你还需要重新磨砺一下你的 DiSC 直觉能力，因此不妨重新阅读一遍第 4～7 章，这几章对 DiSC 四种行为模式进行了详细的介绍。

还有一点很重要，你一定要记住：评估自己的行为模式与评估他人的行为模式是完全不同的。当你使用 DiSC 评估自己的时候，你可以分析自己的感受、想法和行为方式。但当你分析其他人的时候，你只能看到他们的行为方式，你无法走进他们的心里，因此你不知道他人的感受和想法。所以，请不要用自己的方式去猜测别人，而是聚焦在你所能看到的行为方式上吧。

一个人的行为方式暗含了很多信息，行为不是无端发生的，而是一个人对情境的感受和想法的结果。因此，让自己成为一个高明的观察者，这将对你大有帮助，观察人们在特定情境下的行为方式，你会得到很多有用的信息。

DiSC 工具可以帮助你成为一个高明的观察者，它可以帮助你对所观察到的信息进行分类，从而帮助你对被观察者的反应做出合理的猜测。

和先前你使用 DiSC 工具时强调的一样，一个人的行为方式和测试结果都与测试时所选择的特定情境有直接关系。因为在不同的情境下，人们做出的反应可能截然不同。如果你主观认为某些人在各种情境下的反应都是一样的，那只能说明你对这些人存有偏见。如果你抱有这种想法，你就会不由自主地把人分门别类，这无疑会限制其他人的职业发展。DiSC 的目的是帮助你与其他人建立有效和愉快的互动，你千万不能把 DiSC 结果作为低估他人或解雇他人的借口。

这些信号帮助你读懂他人

支配型：

- 快速决策；
- 采取行动；
- 动作快；
- 敢于负责；
- 首当其冲；
- 勇敢，甚至具有侵略性；
- 开门见山，直击要害；
- 告诉他人应该做什么；
- 标准底线不容突破。

发现你的行为模式

影响型：

- 轻松、愉快地开始对话；
- 和他相处很有趣；
- 流露出乐观情绪；
- 很容易交朋友；
- 非常外向；
- 善于说服他人。

支持型：

- 有令必从；
- 不制造麻烦；
- 不挑起事端；
- 耐心听别人说话；
- 善解人意；
- 对人友善；
- 很少给其他人下命令；
- 很容易相处；
- 是个老好人。

尽责型：

- 所有事情井然有序；
- 说话谨慎，甚至带有防卫性；
- 考虑事情周全；
- 不冲动；

- 对质量一丝不苟；
- 写报告或纪要时非常详细；
- 事先制订计划；
- 更喜欢一个人独立工作。

使用 DiSC 工具分析其他人的行为模式是一件很有用的事情，同时也是一件很有趣的事情。但是，切忌用 DiSC 术语为不同的人贴上标签。DiSC 是动态的而不是静态的。一个人的 DiSC 行为模式与他所处的情境有很大的关系，因此 DiSC 风格不是伴随一个人一生的个性特征，面对不同的情境，同一个人完全有可能采取不同的反应。

到现在为止，你还没有学会如何去分析那些复杂的、包含了双维或三维的行为模式，你只能判断出其中特征最明显的一个维度，这已经足够了。这种能力足够帮助你应对各种情境，并帮助你从困境中走出来。

面对压力时

这些基本的阅人技巧可以帮助你有效缓解你和其他人之间的关系压力。

当你和其他人共事时，你的背上好像有一只水桶。你第一次与这个人见面时，你的水桶是空的。每当你和这个人发生摩擦，产生关系压力时，你的水桶中就倒入了一瓢水。随着时间的推移，桶里的水越

发现你的行为模式

来越多，你背上的水桶就越来越重，你和这个人之间的关系就变成了一种重负，每天都压在你背上。有时候你会感到愤恨，有时候你会感到生气，但你每天都必须背着这只水桶开展你的各项工作。

背上的水桶越沉，你和同事之间建立正向、积极的工作关系的机会就越少。当你的同事还在喋喋不休的时候，你早已"关"上了你的耳朵，你在对自己说："我必须马上离开这个是非之地，我真想告诉他，我早就看出了他的真实嘴脸。"这时候，所谓的关系压力就出现了。

你的水桶中可能只能盛一杯水，也可能能盛10千克水，因为每个人应对压力的水平不一样。但早晚有一天，你的水桶会被装满。

如果你的水桶已被装满，而且还有更多的水要被装进来，你会做出怎样的选择？你会选择把整桶水都倒出去。

不同的DiSC风格，应对关系压力的方式不同。当他背上的水桶被装满时，也就是关系压力到了他的承受极限时，不同风格的人采取的处理方式也各不相同。

典型的D型风格的人在面对关系压力时会表现得非常专制、颐指气使、盛气凌人。当他背上的水桶被装满时，他选择的倒水方式就是从所处的情境中撤离。

典型的I型风格的人在面对关系压力时会表现得过度吹嘘，甚至咄咄逼人。当他背上的水桶被装满时，他选择的倒水方式是谴责别人，诿过于人。

典型的S型风格的人在面对关系压力时表现得非常安静，不再发表自己的看法。当他背上的水桶被装满时，他会变得很愤怒、很痛苦，但他并不会把这种感觉表露出来，而是埋藏在心底，不告诉别人。

典型的 C 型风格的人在面对关系压力时会回避问题，表现得优柔寡断。当背上的水桶被装满时，他会变得很情绪化，以自我为中心。

面对关系压力，这些典型的反应方式都是可以理解的，但都会破坏彼此之间的关系。关系一旦被破坏，想要修复，难上加难。

其实，当你背上的水桶被装满时，你可以采用其他的方式来倒掉水桶里的水。当你与他人的关系压力达到临界点的时候，你也有其他更为有效的选择。下面是针对不同 DiSC 风格的减压建议。

- D 型：不要轻易撤离，而是要倾听和解释。
- I 型：不要那么咄咄逼人，停下来，退一步，梳理思路。
- S 型：不要生气，不要自我伤害，请走出去，告诉别人你的需求。
- C 型：不要回避决策，请勇敢地做出你自己的决定。不要自命清高，请开诚布公地和他人展开沟通。

下面将要介绍缓解关系压力的一些方法，针对不同的 DiSC 风格，列出了两个清单。第一个清单中是建议你采取的行动，这些行动很容易得到他人的理解、尊重和认可，采取这些行动可以给人一种被接纳的感觉，从而使他人变得更为坦诚、更愿意合作。第二个清单同样很重要，它列出的是其他人的行为特征，这些特征是一些早期报警信号。看到这些信号时，你就应该做好准备，有计划地去应对那些你不喜欢的行为方式。

书中列出的方法仅是给你的建议，你还应该根据自己所处的具体情境，选择和制订最适合你的应对方案。

与 D 型风格的人共事时

在任何情境下，D 型风格的人总是给人一种很负责任的感觉。如果你和他之间的关系紧张时，这种人可能变得很嚣张，甚至把整个办公室弄得乌烟瘴气。

典型的 D 型风格的人希望与他共事的人对他言听计从，说话办事直来直去、以结果为导向。如果与你共事的那个人正是典型的 D 型风格，你可以尝试采取以下的行动：

- 沟通时言简意赅、一针见血；
- 不要尝试着和他聊天，也不要尝试其他套近乎的方式；
- 只谈工作，不要跑题；
- 尽可能地尊重这个人的自治权；
- 问清楚他的规则和期望；
- 在可能的情况下，尽可能让这个人来做工作的发起人；
- 把你自己的能力展示出来；
- 表现出你的独立性。

典型的 D 型风格的人可能有如下的行为和举动，你要做好应对的准备：

- 说话直白、生硬；
- 总是下命令；
- 缺乏同情心；

- 对社交活动毫无兴趣。

与 I 型风格的人共事时

通常来说，典型的 I 型风格的人非常热情，颇具煽动性。当你和他之间的关系紧张时，他会开始过度吹嘘自己、自己的观点和自己的工作。在极端情况下，他会表现得非常沮丧，甚至会动怒。

典型的 I 型风格的人希望周围的人能够行为友善，富有同情心，能够识别和认可别人的贡献和成就。与 I 型风格的人相处时，你可以尝试以下的行动：

- 随意一些；
- 和他聊聊天；
- 认真听他说话；
- 把他的指导和建议记录下来；
- 在公开场合认可他的贡献；
- 多使用幽默语言。

典型的 I 型风格的人可能有如下的行为和举动，你要做好应对的准备：

- 特别渴望成为众人关注的焦点；
- 过分乐观；
- 过度吹嘘自己、自己的观点和自己的工作，特别是出现关系压力时；

发现你的行为模式

- 遭到拒绝时，很难承受（不管是真的被拒绝，还是他自己的主观猜测）。

与 S 型风格的人共事时

在正常情况下，S 型的人总是很友善，而且乐于助人。但是，在面临关系压力时，S 型的人通常会轻易屈服，几乎不去申辩，生怕引起麻烦。但是如果背后有人撑腰，他们很可能会采取伤人的行为，甚至会寻找把柄，攻击别人。

典型的 S 型的人希望周围的人能随和一些、放松一些，而且愿意协作，对他人表示出明确的感激之情。当与 S 型的人共事时，你可以尝试以下的行动：

- 做事时注意逻辑性和系统性；
- 给他提供一个安全的环境；
- 尽量避免不必要的变更；
- 当不得不变更的时候，想办法消除变更带来的压力，不要催促，不要着急；
- 和他分享信息，让他知道事情的进展；
- 诚挚地表达你的谢意；
- 表扬他，强调他对团队做出的贡献。

典型的 S 型风格的人可能有如下的行为和举动，你要做好应对的准备：

- 对同事很友好，包括老板；
- 拒绝变化；
- 不能有效管理任务的优先级，总是忙成一锅粥；
- 难以应付任务的最后交付期限。

与 C 型风格的人共事时

在正常情况下，C 型风格的人总是表现得很细心、很安静。当关系变得紧张时，他们会变得优柔寡断、不知所措。越需要紧急决策，他们表现得越磨蹭。在极端情况下，面对重大压力时，这些原本很安静的人可能变得非常情绪化，甚至会对其他人进行语言攻击。

典型的 C 型风格的人，希望周围的人把社交活动降到最低，把全部注意力都放在任务或项目细节上，希望所有的人都能理解和认可质量的重要性，从而把工作做得既正确又漂亮。与 C 型风格的人打交道时，你可以尝试以下的行动：

- 把要求说清楚，而且尽可能细化；
- 尽早确定项目交付期限；
- 避免突发事件；
- 让对方感觉你是可以依靠的；
- 表现出你的忠诚；
- 发表评论的时候一定注意方式方法；
- 不需要流露你的感情；

- 处理当前任务时，以历史案例为依据；
- 重视精确度，做事要专注；
- 表达出你对"高标准，严要求"的认可。

典型的 C 型风格的人可能有如下的行为和举动，你要做好应对的准备：

- 缺乏清晰的目标会让他感到不安；
- 他拒绝接受泛泛而言的空洞信息；
- 他有一种强烈的冲动，总是想一遍又一遍地检查工作；
- 他很独立，基本不和别人套近乎。

谨慎使用

阅人术可以帮助你缓解与他人之间的紧张关系，营造一种愉快、高效的工作氛围。但是，一定要正确、安全地使用这种技术，这和使用其他任何技术时的注意事项都是一样的。

记住，DiSC 工具可以帮助识别一个人的行为模式，而不是他的个性特征。使用 DiSC 的目的不是把你的同事分门别类、贴上标签。你知道，给人贴标签这种方式否定了人的变化性和适应性，与你共事的都是生龙活虎、有思维、有想法的人，他们不是通过程序控制的机器人。

阅人术也不应该被滥用为一种操控他人的工具。操控他人在文明社会中是不被接受的，而且从长远来看，企图操控他人的想法都是一种无效的想法。

阅人术的主要作用在于帮助我们缓和紧张的工作关系，因此也请不要使用 DiSC 工具来筛选你的共事对象和社交对象。一个团队应该保持多样性，这是团队的优势之一，而多样性不仅体现为不同的种族、文化和性别，也体现为不同的 DiSC 风格。风格的不同并不一定会引发冲突。

很多时候，不同风格的人在一起可以创造正面能量。比如，一个团队中同时拥有 D 型和 S 型两种风格的人，这两种风格彼此互补，从而使团队协作得到了加强。D 型风格的人关注结果，S 型风格的人善于铺平道路，避开事故和冲突，帮助团队实现目标。在这种情境下，不同风格的人之间的尊重和欣赏很容易就可以实现。

事实上，在一个组织中，风格相同的人从事同种工作是存在风险的。因为当面临挑战时，组织需要从各个不同的维度做出反应。很多创新的念头都源于那些不满足于手头工作的人，如那些厌恶重复工作的人很可能会建立一套新的快捷方法，这些不同风格的人之间的互动对组织来说无疑是有价值的。

第 9 章我们将讨论在深入了解 DiSC 工具后你的行动选择，以及阅人术的具体应用。

第 9 章

做出你的选择

DiSC 是一种工具，而不是测试标准。第 8 章提供的列表是帮助你读懂他人的工具，绝不是判断他人的标准。测试标准总是告诉人们应该做什么，但是当你使用 DiSC 工具时，做什么由你自己来决定。DiSC 只是一种帮你收集信息的工具，收集到这些信息后需要采取什么行动，完全由你自己来决定。

在使用 DiSC 工具之后，你有四种选择：

- 选择 1 什么也不做；
- 选择 2 在熟悉的行为模式范围内采取行动；
- 选择 3 调整自己，尝试不同的行为模式；

- 选择 4　开始对话，寻求解决方案。

每种选择都是一条可行的途径。在做出你的选择之前，需要对 DiSC 过程中收集到的信息进行深入分析，这样才能保证你做出的选择是合理的、明智的。事实上，解决任何问题都需要进行深入细致的分析。在某些情况下，不采取行动反而是最好的行动方案。

下面，我们逐个分析上面提出的四种选择，从中你可以找到既适合自己也适合所处情境的一种方案。

选择 1　什么也不做

请先问自己三个问题：

- 当前的情境对我来说重要吗？
- 当前的情境有可能发生改变吗？
- 如果当前的情境可以改变，那么我是否值得花费精力和冒风险来改变它呢？

并不是每个摔破的东西都需要修补，也并不是碰到的每个问题都需要解决。人们都很忙，也许你需要把有限的时间花费在其他更重要的事情上，如另外的一些人际关系和任务目标更需要引起你的关注。你需要节省能量、资源甚至政治资本，把它们用在更为关键的"战役"上。

因此第一步就是要问自己，当前的情境对我来说重要吗？如果答案是"不"，那么就对自己说："忘掉它，继续朝前走。"节省你有限的

发现你的行为模式

能量,把它们用在对你来说更为重要的场合。

如果你选择"什么也不做",这一定是经过深思熟虑的有意识的行动方案,这和简单地采取视而不见的态度是完全不同的。

你是不是希望避免冲突?回答这个问题时,你要考虑的不是冲突将给你带来的麻烦有多大,而是这个冲突对你重不重要。如果你选择了"什么也不做",是不是经过几周或几个月,形势会自己变得好起来,或者变得更加糟糕?如果你选择了"什么也不做",你的诉求是不是能够得到满足?

如果对第一个问题的答案是"是",那么紧接着你要问自己的第二个问题是:当前的情境有可能发生改变吗?

如果你的风格为高 S 型或高 C 型,那么你很可能感觉自己无法改变当前的情境。其实不一定,面对所处情境,你有自己独特的优势,其他人也有其他人独特的优势。因此,当你评估一个情境是否可以改变时,不要只考虑自己是否有能力改变它,还要考虑是否可以利用其他人的力量来改变它。这个情境是不是任凭谁都无法改变?

如果不是,那就接着问自己第三个问题:当前情境可以改变,但我是不是值得投入精力和冒风险来改变它呢?

为了回答第三个问题,你需要先快速浏览一下前面提到的四个选择中的第 2 项和第 3 项,从而判断一下改变情境需要投入多少精力、承担多大的风险。也许不需要浏览第 2 项和第 3 项你就可以做出决定:改变情境的时机尚未成熟。如果是这样,那么你就忘掉它,继续朝前走。

但是，要记住，情境本身也在不停地变化着。随着事情的发展，也许有一天你会发现，你必须投入精力和冒风险来改变当前情境。因此，一定要用发展的目光来看待所处的情境。

另外，你还要考虑，如果采取行动，你是否能承受后果。假如你的老板特别难相处，你每天都处于一种非常难受的情境中，你会怎么办？你是悄悄地躲避他？还是对他毕恭毕敬、唯唯诺诺？或者你会想各种办法尽快逃离当前的环境？或者你决定先忍耐着，直到忍不下去了再说。

选择 2　在熟悉的行为模式范围内采取行动

如果决定采取行动，那么你可以首先寻找一种让自己感觉舒适的行为模式，在这种模式下，你可以有效利用自己的优势。在解决问题的时候，不一定需要改变自己熟悉的行为模式。

如果你采取的行为模式是 DiSC 测试中得分最高的那个维度，那么说明你处于舒适区。此时，你就是你自己，你按照自己偏好的行为模式做事情。这也就是为什么我们会特别喜欢和某些人相处的原因，因为和这些人在一起的时候，我们完全可以按自己偏好的行为模式行事，而且不会引起他们的反感。

有时候，采用你得分最高的那种行为模式，就完全可以帮助你解决面临的问题。这里有一个例子。有一个项目比原定的进度计划延误了，通常情况下，面临这种情境时，人们会认为项目需要一个典型的 D

发现你的行为模式

型风格的人，这个人不停地催促，推动项目工作向前发展。事实上，这种想法也许对，也许不对。假如你是一位典型的 C 型风格的人，这种风格对解决上述问题会有什么帮助呢？作为典型的 C 型，你可以利用自己的优势对问题进行深入细致的分析，对项目执行过程中使用的规则和流程进行评估。也许你会发现项目出现延误的主要原因是，布置任务和授权工作时做得不够细致，各个环节之间的顺序没有清楚地定义出来，因此总是有人停工等待，因为他们的上游迟迟不能完工从而导致他们迟迟不能开工。你甚至还会发现这些问题正是由于人们对工期催促太紧造成的。在这种匆忙而混乱的工作环境下，错误总是频繁出现，因此人们不得不通过返工来修补错误。于是，你会发现，要改善项目延误的情境，你的 C 型风格正合适。你可以帮助项目团队重新梳理流程、建立规则，从而使项目工作顺畅高效地进行下去。

　　DiSC 关注积极方面，你也应该如此。为自己骄傲，强化自己的优势，并把你的优势告诉周边的人。积极参加适合你的工作，在你能帮上忙的时候尽力去帮忙，创造一些能让你骄傲的贡献和成就。

　　如果你决定按照自己喜欢的行为模式做事，请直截了当地告诉别人。在使用 DiSC 工具之后，一位预算分析师在他的办公室门上贴了一张横幅，上面写着："没有事实、没有数据，就没有服务。"他知道，作为一个预算分析师，典型的 C 型风格非常合适，而且以后他也不准备因为自己的行为方式而向同事们道歉。

　　DiSC 中的每种风格都有其优势，如果你现在再回头看一下描述你风格的那个章节，你会发现其实你拥有很多优势来应对所处的情境。

用创新的方式来使用和发挥自己的优势，因为没有任何一种风格拒绝创新。

另外，虽然你在 DiSC 的某个维度得分最高，但在其他几个维度的得分也不一定是零分，因此你还拥有其他几个维度的优势、技能和经验。别忘了，在某些情境中，这些维度的优势对你很有帮助。

第二种选择让你采用自己最得心应手的行为模式采取行动，你解决了问题，同时你仍然站在自己的舒适区。

请告诉你的同事，你偏好哪种行为模式，以及你不喜欢哪种行为模式。同时，也要告诉你的同事，你之所以采用你偏好的行为模式，是因为你认为这种模式可以让你把工作做得又快又好。你可以这么和你的同事沟通："我的优势是……但我不擅长……"

组织需要的员工是多样化的，有各自不同的想法、感觉和行为模式。面对某种特定情境时，也许你的风格就是最合适的。

选择 3　调整自己，尝试不同的行为模式

调整是为了满足特定情境的需要而采用了另一种不同的行为模式。选择调整的策略时，你采用的风格不是你熟悉的风格，因此你会感到不舒服，但是为了满足情境的需求和他人的需求，你认为这么做更为合适。

举个例子。安妮负责一个项目，她非常希望项目工作能够尽快完成。安妮是典型的 D 型风格，她总是不停地催促团队成员的工作。为

发现你的行为模式

了加快项目进度,安妮准备召开一个团队会议,对大家的工作进行督促。但是,安妮想到了前不久她刚刚结束的一个项目,那个项目和当前的项目很类似,在那个项目中,安妮也采用了紧密督促的办法,但项目最后的结果并不尽如人意。想到这些之后,安妮决定调整自己的风格,为了保证项目质量,安妮决定多一些耐心,让那些风格为 C 型的成员有足够的时间完成质量检查。经过努力,安妮确实调整了自己的风格,因为项目结果对她来说至关重要。

有时候,为了改善和维护一段重要的关系,你需要对自己的风格进行调整。比如,你的老板是典型的 D 型风格,而你是典型的 S 型风格,在这种情境下,你很难要求老板调整风格,为你提供所需的各种支持。因此,你需要主动调整自己的风格,离开舒适区,展示你在其他 DiSC 维度的优势,比如,你可以把工作节奏调快,你可以在决策时承担更多的责任,你也可以独立完成某些工作。

不要总是把情境的不顺归咎于自己的风格,如果能思考一下自己的风格和所处情境之间的关系,也许是有好处的。有时候,根据需求调整风格会让你走出困境。

统计概率

面对同一种情境,其他人的行为模式是不是与你一样?看一下统计数据。针对同一种情境,让不同的人使用 DiSC 工具来进行打分,得分达到或超过 44 分的维度就构成了这个人的行为模式。这些人的行为模式有的是单维的(只有一个维度的得分达到 44

分），有的是双维或三维的（两个或三个维度的得分都达到了 44 分）。在抽样调查人群中，行为模式中包含四种维度的比例如下面列出的百分比。这些数据说明了什么？说明与你一起共事的人中有超过一半的人与你的行为模式不同，这也是为什么有时候我们需要调整自己的原因所在。

- 行为模式中包含 D 的比例 42%；
- 行为模式中包含 I 的比例 45%；
- 行为模式中包含 S 的比例 49%；
- 行为模式中包含 C 的比例 52%。

并非改变

调整是对自己风格的一种有意识的决策，你还是你，你不需要改变自己。调整只是为了应对特定情境的需要而选择的一种实用的解决方案。

古代的歌舞艺人为了谋生需要调整自己、适应环境。他们通常都会两种乐器，以应对各种场合的需要。比如，歌舞乐队中拉琴的乐手同时也会吹号。大部分时候他的任务是拉琴，可一旦需要吹号，他可以迅速拿起喇叭、长号甚至大号。这位艺人为了谋生学会了第二种技艺，但学会了吹号并不意味着这个人从此就不再拉琴。

同样，DiSC 讲到的调整也并不是需要你改变自己已有的风格，只是要求你在自己熟悉的风格之外再尝试一些新的风格。假如你熟悉的风格为 C 型，当你调整为 D 型风格的时候，并不意味着你需要放弃 C

型风格所拥有的优势。就像上面提到的歌舞乐队例子一样，当你遇到的情境需要使用你的第二门"技艺"——D型风格的时候，你要确保自己具备使用D型风格的技能。

为了满足情境需要，你对自己的风格进行了调整，但调整之后，你依旧还是你。调整只是一种暂时的解决方案，就像其他所有有效的解决方案一样，它的目的是满足某个人在某个时间、某个情境下的特定需要。

调整只是暂时把你熟悉的、常用的、舒适的风格暂时放在一边，临时性地使用另一种最能满足特定情境需要的风格。根据需要对自己的风格做出调整，这是一种完全可行的方案。因为你最熟悉的风格是DiSC中得分最高的那个维度，但可以肯定的是，你在其他三个维度的得分一定不是零分，因此你仍然拥有其他三个维度的特征。你完全可以根据情境的需要，临时调动你在其他三个维度中的优势。

你会不会认为调整自己的风格是一种软弱的做法？错了，这其实是一种强势的做法，因为你在主动地采取行动改变所处的情境。

让调整变得容易

有时候，稍微调整一下自己的风格就会起到巨大的作用。不妨思考一下，为了满足他人的要求，自己需要做出怎样的调整。只要你付出努力，别人一定会看得到。你的努力一定会缓和当事人之间的紧张关系，并且有助于形成一种新的健康的工作关系。

开始尝试调整自己的风格，实践越多，越感到得心应手。可以从小处入手，逐渐消除自己因调整风格而产生的不适情绪。从自己熟悉的 DiSC 风格中走出去，提高自己的应对能力，这种感觉和在健身房做柔韧性锻炼的感觉是一样的，你拉伸的次数越多，你身体的柔韧性就越好，你的感觉也会越来越舒服。

不要等到环境压力到了临界点的时候，才开始练习自己的调整能力。下一次，面对一项例行工作，当你正准备采用你例行的风格去处理的时候，不妨退后一步想一下，我是不是还可以使用其他的应对方式。"打破常规"这句话很有意义，但句子的意思并不完全正确，因为它暗示着常规被破了之后，就永远被丢弃了。但 DiSC 所说的调整并不要求你永远丢弃自己原本熟悉的风格，相反，它只是建议你不时地寻找一些新的风格来处理司空见惯的旧任务。当你尝试了一种新的风格后，DiSC 还会鼓励你尝试下一种新风格。与此同时，你并不需要放弃那些对你非常有效的旧的风格。

为了调整自己的风格，你必须学会站在别人的观点上看问题。DiSC 在这方面可以帮助你。每次当我们面临一种情境的时候，我们通常只关心如何才能满足我们的需要，而事实上，我们的需要很难得到百分百的满足。

举个例子。在某种情境中，你正在使用 D 型风格，而情境中的另一个人正在使用 S 型风格。你可以强迫对方按照你的方式来看问题，让对方从 S 型转变为 D 型，结果会怎么样呢？这场情感层面的"格斗"只能让双方精疲力竭、身心俱疲。因此，你为什么不考虑调整自己的风格呢？当你换一个视角去看待这种情境时，你就会知道自己应该做什么。

在工作中采用调整的策略

这个例子每天都在发生。你的同事带你去一家他最喜欢的餐厅，结果用餐的客人很多，你们不得不排队等座。你准备发几句牢骚："这家餐厅的管理有问题，到了用餐高峰他们就应对不了了。"在你开口之前，你的同事抢先一步说话了，他微笑着说："这个地方确实很受人欢迎。我很喜欢这里，你看，来这儿的人真多。"

现在你有两个选择：一是直接说出你本来想说的话，结果可能让你的同事感觉很不舒服，甚至你们可能为此争吵起来；二是礼貌性地对你同事的看法表示认同。后一个选择看上去不错，但你会觉得这不是真实的自己，甚至会为此感到不舒服。还有另一个选择：稍稍做个调整以适应情境需要。你可以这么说："是的，这里确实是个很棒的地方。来这里的人这么多，这儿的经理应该考虑多增加一些座位和服务员。"在你们两个的观点之间，你找到了共同的平台。你的回答不会冒犯对方，同时你也没有歪曲或委屈自己。

当面临的情境至关重要时，更需要调整自己来适应情境的需要。再举个例子，假如你准备向你的老板推荐一套新的计算机软件，这套软件可以对库存进行更为有效的跟踪管理。从你的角度来看，你认为这套软件可以让整个运作过程更为流畅，从而提升组织的整体效率。你是典型的 D 型风格。你很了解老板，他是典型的 C 型风格。他做事小心翼翼、一丝不苟，非常关注细节，对于每个环节都要进行仔细的验证。虽然你对这套计算机软件的使用价值充满期待,为了把事情办成,你决定对自己的风格进行适应性的调整。在向老板推荐这套软件的时候,你刻意强调了这套软件经过了严格而周密的测试,而且目前很多行业的领军企业都在使用这套软件,与这套软件相配套的还有完整的员工培训课程。同时,你还让老板明白使用新软件并不是直接代替现有软件,而是通过严谨的手段让新旧软件之间有一个无缝的、分步的、有序的替代过程。

这就是我们说的适应性调整。为了适应老板的 C 型风格,你暂时把自己熟悉的 D 型风格放在一边。适应性调整最终可以帮助你达到目的:说服老板采购这套新的计算机软件。

当面对的情境或个人不那么重要时,你也可以尝试采用调整的策略。举个例子。珍妮自己开公司,她是典型的 D 型风格。公司刚开张的时候,她自己负责财务记账工作,当处理这项工作时,珍妮采用的是 C 型风格。虽然 C 型风格不是她最喜欢的风格,但她知道财务工作必须关注细节。珍妮后来雇用的会计师看了珍妮记的账目,由衷地夸奖她账务记得认真细致。但是,如果问一下珍妮自己的感受,她会告诉你:"我确实干得还不错,但谢天谢地,下个季度的账不需要我亲自打理了。"珍妮为了适应情境的需要,调整了自己的风格,虽然完成了工作,但她会发出以上的感慨。如果负责记账的是一位 C 型风格的人,那么看着自己的工作成果,她会由衷地说:"不错,这份工作充满乐趣。"

采用调整的策略对比尔来说也很奏效。比尔在公司里担任销售经理,在工作中经常和客户服务部总经理田娜发生摩擦。比尔提出了一

发现你的行为模式

系列促进销售的方案,但田娜的部门却不能有效地实施这些方案。比尔认为田娜思想僵化,总是排斥新观点。有一天,比尔准备向田娜宣布他的下一个促销计划,却无意间发现田娜的眼里含着泪花。突然之间,比尔意识到了什么,他尝试着换位思考,他意识到面对层出不穷的新任务,田娜承受的压力很大。比尔决定停下来,花点时间用 DiSC 工具来分析一下当前的情境。他先分析了自己在启动新的促销活动时的行为模式,之后又使用本书第 8 章介绍的阅人术分析了田娜在过去促销活动中的表现。他发现自己的风格是典型的 D 型,而田娜的风格为典型的 S 型。在每次的团队会议上,比尔总是采用倾倒式的方式把新任务一股脑地布置给田娜,当着她所有下属的面,用很快的速度把需要田娜部门做的工作说一遍。田娜是典型的 S 型,每次新的促销活动对她来说都是一种压力,同时也给她的员工增加了额外的工作量。田娜从内心并不认可这些促销活动的价值,因此她觉得为此付出额外的努力并不值得,而且她的部门还必须处理促销活动过程中引发的各种问题。

比尔决定调整自己的风格。在接下来向田娜的部门布置任务时,比尔决定采用和田娜一对一的沟通方式。他耐心地向田娜解释了启动促销活动的理由,而不是像以往一样只是简单地告诉她应该做什么。比尔向田娜分享了有关促销活动的所有相关信息,然后他请求田娜的团队帮助他完成促销工作。比尔最后说:"在完成这些工作的过程中如果需要我,请随时通知。"

从此之后,比尔和田娜之间的合作有了明显的好转。在这个转变过程中，比尔并没有改变自己，他改变的仅仅是与田娜共事的风格。

这里还有一个真实的故事。瓦特是一家小公司的总裁，他多次要求芭莉修改正在使用的计算机系统，增加更多的输出报告。但是，瓦特每次要求芭莉这么做的时候，芭莉都会显得很生气。于是，瓦特总裁决定借用一下 DiSC 工具。分析之后，瓦特发现自己每次向芭莉提出修改要求时，总是直截了当地提出自己的需求，这是典型的 D 型风格。但是芭莉喜欢分析和精确，是典型的 C 型风格。因此，每次瓦特要求修改系统时，芭莉会认为这是瓦特在对现有的系统挑毛病，而且芭莉把瓦特的行为看成针对其个人的行为。

瓦特马上意识到自己的 D 型风格在芭莉这里不奏效，于是他决定进行适应性调整。这次，他决定使用电子邮件的方式和芭莉进行沟通。他给芭莉写了一封邮件，首先对现在正在使用的系统进行了充分的肯定，而且承认即使自己是总裁，对当前系统也谈不上全面的理解。接着，瓦特在邮件中邀请芭莉抽出时间坐下来谈一谈这个系统，从而更多地了解系统功能，看看这套系统是否能输出一些他需要的报告。在邮件的最后，瓦特还提出希望能接受有关这套系统的培训。

在邮件发出没多长时间，瓦特和芭莉进行了沟通，这是他们两位有史以来最高效的一次沟通，因为他们调整了从前的共事方式。在整个沟通过程中，瓦特都在努力让自己按照 C 型风格来思考问题，而且不时地提醒自己，芭莉很容易把别人的建议看作批评。沟通结束了，瓦特总裁终于得到了他期盼已久的报告。

再举个例子，假如你是一位销售经理，你是典型的 D 型风格，你

发现你的行为模式

做起事情来像一阵风，总是希望马上把所有的事情搞定。公司负责给客户发货的那个家伙要求所有的运单都严格按照要求填写，否则他会毫不犹豫地退还给你，让你重新填写。你填写的运单就曾经被他退回来好几次，结果导致你给客户发的货物延误了。你对这个家伙观察了一段时间，发现他是典型的 C 型风格。你是典型的 D 型风格，按照你的做事风格，你会怒气冲冲地找到这个家伙，要求他改变自己的做事风格。结果会怎样呢？那个家伙肯定会感到自己的尊严被冒犯了，而且你填写的订单如果不符合他的要求，他仍旧会照样给你退回来，你除了更加恼火之外，仍然得不到自己想要的结果。在这件事情中，你希望的结果是以后你的运单能够按期发货。

不妨尝试着站在那个家伙的立场上看问题。你可以这么和他说："你做事真仔细，我们这里发错货物的情况基本被你杜绝了。另外，我需要你帮个忙，我们能不能建立一种新制度，对那些紧急而重要的运单采取高优先级管理制度？"这样说的效果应该不错。当然你还可以按照你的 D 型风格行事，你可能这么说："喂，我知道你对这些运单的填写要求很严格，但我真的没时间填写你要求的那么多细节信息。我的订单很紧急也很重要，你明白了吗？"你可以设想一下这么说的结果。

阅人术可以帮助你有效应对面临的情境，从而达到你想要的结果。

如果你能够判断一个人的 DiSC 风格，那么你就可以采取适合的风格来改善与这个人之间的关系，从而帮助你走出困境。再举个例子，你准备写信给一个客户向他推荐一套新的产品，你回顾了和这个客户以往的交往过程，发现这个客户面对你的销售方案体现出的是典型的 D 型风格，所以你决定这次写信时采取开门见山的方式，在信的一开始就直截了当地说出自己写信的目的和你希望让客户知道的产品信息。

克服恐惧

虽然你决定对自己的风格进行适应性调整，但对于调整之后产生的结果，你还是会心存恐惧，你需要采取行动克服这种恐惧心理。不同的 DiSC 风格在进行适应性调整时会存在不同的担忧和恐惧：

- D 型风格的人害怕失去对情境的控制权，从而被他人利用。由于存在这种担心，D 型风格的人在某些情境下，总是不能很坦然地对他人进行授权。
- I 型风格的人害怕被自己所熟悉的社交圈子拒之门外，由于存在这种担心，I 型风格的人不愿意当面与人撕破脸皮，即使必须这么做，他的内心也会感到极度不安。
- S 型风格的人害怕突如其来的变革，害怕被他人拒绝，由于存在这种担心，S 型风格的人通常不会主动发起变革，因为他们不喜欢变革带来的动荡，同时他们还担心其他人对变革的抗拒。
- C 型风格的人害怕被其他人批评，由于存在这种担心，他们做事情时总是非常谨慎，不敢有一丝一毫的闪失。

怎么才能克服这些担忧和恐惧呢？方法很简单，就是识别恐惧，承认恐惧，并直接面对恐惧。对你心中的恐惧大声地说："喂，恐惧，我记得你，你是我的老朋友。但是，这次我不管你了，我决定按照期

发现你的行为模式

望的方式行动了！"

克服恐惧情绪，选择更为有效的行为模式应对你所处的情境。虽然这不是你熟悉的行为模式，但这是你的最佳选择。

如果调整了自己的风格，别人会怎么看我

你会担心，如果你调整了自己的风格，别人很可能怀疑你的动机，甚至会把你看成一个表里不一，见人说人话、见鬼说鬼话的人。如果你处在一个充满内部斗争、政治气氛很浓的组织环境中，这种担心是有道理的。但事实上，大部人不会对你产生怀疑，他们不但不会怀疑你的动机，相反，由于你采取了适应性调整，大家会觉得和你相处比以前要愉快得多。

在你调整了自己的风格之后，其他人可能有如下列出的一些感受。具体来说，这种感受取决于他人的风格及你调整之前的风格。

- 对你充满感激；
- 感觉自己受到尊重；
- 感觉你在认真倾听他的意见；
- 感觉自己的付出得到了认可；
- 感觉自己是一个有价值的人；
- 感觉轻松愉快。

下面的故事描述了一个人在调整其风格之后对方的感受。每天早晨上班，大卫总是直接冲进自己的办公室埋头开始工作。他从来没有停下来和下属斯蒂文说"早安"的习惯。有一天，大卫很生气，因为他发现下午 4 点半斯蒂文就下班了。斯蒂文以前总是喜欢忙前忙后，但最近却一下班就走，这是为什么？

大卫隔一段时间就会使用一次 DiSC 工具，这次，他决定借用 DiSC 来分析他和斯蒂文之间的工作关系。他使用了一些阅人术，根据斯蒂文的行为特征，可以判断他是典型的 S 型风格。大卫意识到，相比自己而言，斯蒂文更加看重个人关系。意识到这些之后，大卫决定进行适应性调整，每天早晨他特意留出两分钟的时间，在走进办公室前，先去斯蒂文的工位停留一会儿，和斯蒂文聊一聊周末和下班后的生活，问一问他的过敏症好些没有。

斯蒂文会不会觉得大卫最近变得拐弯抹角了呢？没有，斯蒂文觉得大卫比以前亲切多了，他从大卫那里得到了被重视和被欣赏的感觉。在大卫调整了风格之后，斯蒂文又恢复了从前的工作状态，总是忙前忙后，到处帮忙。大卫每天早晨投入了两分钟，由此换来的价值却是巨大的。

下面我们列出了一些具体的方法，在决定采取适应性调整时，你可以考虑使用这些方法。另外，你还可以参考第 8 章中介绍的方法。

针对所面临的具体情境，选择最合适的调整策略和方法。下面的方法也许可以帮助你走出困境。

D 型风格的调整

充分利用 D 型风格的特殊优势，同时考虑用下面的方式进行适应性调整：

- 站在他人的角度；
- 倾听其他人的意见；
- 体会其他人的感受；
- 不要只关注结果，还要关注过程；
- 想办法让自己平静下来；
- 想办法让自己放松；
- 提高自己对规则和制度的认识；
- 不要冲动；
- 面对问题、活动或项目时，采用有逻辑、系统性的行动步骤；
- 对既定的交付期限采取更灵活的态度；
- 注重马上行动，还要注重事前规划。

I型风格的调整

希望从I型风格开始进行适应性调整，可以尝试以下的方式：

- 有效地管理时间；
- 建立合理的组织体系；
- 树立一种客观的态度；
- 密切关注利润底线；
- 让你的情绪处于受控状态；
- 提高对数据和流程的分析能力；
- 编制报告时投入时间和精力，让报告内容更为精确、详细；
- 根据需要，提高紧迫意识。

S型风格的调整

如果你是典型的 S 型风格，你准备从 S 型风格开始进行适应性调整，可以尝试下列的方式：

- 以开明的态度对待变革；
- 相信自己的成就确实有价值；
- 让别人知道你做出的成就；
- 在需要的时候，可以加快工作节奏；
- 锻炼当众演讲的能力。

C型风格的调整

如果你需要从 C 型风格开始进行适应性调整，你可以考虑使用以下的方式：

- 对当前工作的局限性有现实的估计；
- 对待某些质量问题采取务实的态度；
- 发挥你的直觉；
- 包容冲突；
- 需要时请求帮助和支持；
- 听取别人的意见并表示感谢；
- 融入团队中。

发现你的行为模式

选择 4　开始对话，寻求解决方案

本章开篇列出了四种选择。选择 2 是在你熟悉的行为模式范围内采取行动；选择 3 是调整自己，尝试不同的行为模式。当你决定采取措施时，2 和 3 都是不错的选择。很多情境都需要你立即采取行动，如果你不能马上采取行动，机会的大门可能从此就关上了。面对这种情境，召开一个讨论长期战略的会议显然不合时宜。为了解决问题，走出困境，你决定采取行动，或者利用你 DiSC 风格的优势，或者根据情境调整自己的风格。

但是，如果时间和环境允许，你还有第 4 种选择。这种选择着眼于寻找长期解决方案，改善长期工作关系。选择 4 是与情境中的其他人展开对话，携手寻找应对问题的最佳方案。

DiSC 工具可以帮助你和其他关系人开启对话，即使对方没有使用过甚至没有听说过 DiSC 工具。你可以主动与对方分享你的 DiSC 风格及你对所处情境的看法。你所拥有的 DiSC 知识可以帮助你清楚地表达自己的感觉和想法。DiSC 提供了一套客观、实用的词汇，帮助人们把情绪因素从所处的情境中撤离出来。如果当事人之间的冲突已经到了剑拔弩张的地步，这种撤离情绪的方法尤为有用。

有了 DiSC 的帮助，你不需要再使用那些含义模糊的词语，因为这些模糊的词语会让本来复杂的工作关系变得更加迷茫。其他人也不需要通过模糊的语义去猜测你的感受、期望和底线，因为你使用的 DiSC

语言已经明确地告诉他们了。

有时候，只是简单地与同事分享信息就可以显著地改善所处的情境。告诉他人哪些情境会让你感到不适，什么事情会触动你的底线。这样，其他人可以设置对你的合理期望，而不会把问题上升到个人层面。

针对自己的薄弱环节，你可以主动寻求他人的支持和理解，多数人都会向你伸出援助之手。即使有些人并不是典型的 S 型风格，如果你能让他们认识到所提供的帮助是有利于集体的，那么他们也会提供支持。

如果情境中涉及的每个人都使用了 DiSC 工具，那么改善效果会更好。很多组织都在团队、部门甚至公司层面上展开了 DiSC 培训。

如果每个人都使用 DiSC 工具，而且都愿意分享打分结果，那么人们就可以互相了解对方的优势和需求，并且可以用一种清晰而客观的方式展开对话。也许有人会觉得让大家一起开会，说出自己的需求，是一件很别扭的事情。但事实并非如此，会议只是鼓励大家分享各自的 DiSC 结果，并且提出对团队的需求，从而帮助团队做到更好。

以前，要求人们对自己的风格进行总结是件很不容易的事情，更不用说让人们在团队面前说出自己的感受和想法。使用 DiSC 工具以后，这种情境变得容易了，因为 DiSC 工具把风格从个人主观层面上升到了客观层面，从而让涉及的每个人感觉更为轻松和舒适。

发现你的行为模式

行动计划

面对一种情境，你有很多选择：从"什么也不做"到"开始对话"。

根据所处情境的具体情况和重要程度，经过短暂思考之后，你可以选择一种最合适的方案。记住，一定要强迫自己进行短暂的思考，当然，如果允许，你也可以花费更多的时间来做出你的选择。一次安静的独立思考或轻松的散步，都可以帮助你做出合理的判断。

有些人认为把他们的想法写下来很有帮助，特别是面对陌生而复杂的情境时。你可以使用以下的"行动计划"模板来梳理你的思路，从而帮你做出最好的选择。编写行动计划时应当适合你所处的情境及你自己的风格。

当然，编写"行动计划"的方法并不适合每个人。有的人不喜欢写，他们只用大脑来完成整个思考过程。有的人在淋浴的过程中进行思考。有的人在开车回家的过程中进行思考。有的人通过直觉做出判断。有的人在画画、玩拼图、做雕塑的时候就顺便做出了自己的选择。有的人喜欢和亲人、朋友一起讨论所处的情境，从而做出自己的选择。

你最了解自己，下一步如何行动，还是由你自己来做决定吧。

第 9 章 做出你的选择

我的行动计划

做出选择

1. 这种情境对我来说重要吗？这种情境有可能改变吗？如果这种情境可以改变，值得我投入精力和冒风险去改变它吗？

2. 面对这种情境，我有什么优势？我采取什么方法才能最大限度地发挥我的优势？

3. 为了改善情境我最需要做的是什么？我需要如何调整自己的风格才能满足当前情境的需要？

4. 是不是需要开启对话来解决当前的问题，如果开始对话，我希望和对方分享哪些信息？

发现你的行为模式

我的行动计划

个人看法

- 在当前情境下,对自己进行分析,得出什么结论?

- 在当前情境下,对自己与他人的关系进行分析,得出什么结论?

- 如何利用以上的分析结果,得到我所期望的结果?

第9章 做出你的选择

我的行动计划

分析情境

- 我是否获得了一些新信息,是否对当前的情境有帮助?

- 在当前情境下,我的行为是否有可能被其他人误解?

- 为了消除误解,我需要做点什么?

- 在当前情境下,哪些人对我很重要?

- 我想让这些人知道什么?

- 有时候需要等待一段时间情境才能变得明朗,才能选择采取合适的措施。目前,不采取行动、任其发展是不是最合适的选择?

- 如何才能逐步靠近期望的结果?

发现你的行为模式

我的行动计划

与我共事的其他人

姓名： DiSC 风格：

- 在当前情境下，这个人最需要什么？

- 在当前情境下，我最需要什么？

- 我做什么事情可以满足这个人的需要？

- 为了改善当前情境，我应该如何进行适应性调整？

我的行动计划

直接沟通

发自：

发往：

主题：我认为重要的事情

- 我很高兴能和你在同一个团队中工作，因为……

- 为了高效而顺利地履行好我自己在团队中的角色，我希望获得你的帮助……

- 当人们有以下的行为时，会阻碍我履行好自己的角色……

- 对于团队中出现的冲突，我希望的解决方式是……

- 在与你共事的过程中，我排在最高优先级的是……

- 我希望在与我共事的过程中，你能把……排在最高优先级。

第10章

你的组织是什么风格

当组织出现问题时，你也许事前就能预测到这个问题将引发的连锁反应。你很了解这个组织的工作氛围，有时候办公室非常安静，有时候你会听到一连串的低语声，紧接着又爆发出大声的笑声。这个组织充满着火药味，还是春风般的友情？在这种环境中，大家都感觉很轻松吗？组织是如何对待员工的？是如何执行任务的？是如何表彰和奖励成绩的？

组织也有自己的风格。

研究者对 DiSC 工具在个人层面的应用进行了大规模的实验，他们并没有测试 DiSC 工具在组织层面的应用。但是，DiSC 工具在组织层

第 10 章 你的组织是什么风格

面上的应用也是可行的,因为当你身处一个组织的时候,你能感觉到这个组织的风格。

那么,组织的风格源于哪里?在很多公司中,高级管理者,有时候甚至一个人,就为组织的风格定了基调。如果你们团队的 10 个人中有 8 个人都是典型的 D 型风格,那么你们团队的整体风格很有可能就是典型的支配型。相反,如果你们团队中老板及管理者都是典型的 I 型风格,那么你们团队的整体风格就会与上例有明显的不同。

组织本身的特征也是很大的影响因素。公司的主营业务是什么?一家钢铁公司的工作环境和一家广告公司的环境有很大的不同。公司的地理位置在哪里?大城市?郊区?小镇?东海岸?西海岸?中西部?南部?是一家新公司,还是一家正在准备庆祝 50 周年的老厂?是大公司,还是小公司?是家族企业,还是《财富》500 强公司?

读懂你的组织

当然,你不可能让组织使用 DiSC 工具评估自己的风格。即使你真的那么做了,结果也是没有意义的。因为组织的风格并不是组织里每个员工的风格的平均值。但是,你也可以通过一些现象读懂你所在组织的风格,就像你可以通过观察其他人的行为读懂他们的个人风格一样。

当然,让组织中的每个员工都坐下来使用 DiSC 工具对自己的风格进行评估也不失一个好主意,因为这可以让所有员工使用统一、准确、

发现你的行为模式

没有偏见的语言来沟通他们的感觉和需求。但是，要读懂一个组织的风格，并不是简单地把所有员工的 DiSC 结果进行对照，而是要把所有员工作为一个整体来进行观察。

读懂组织的最好方法就是问以下三个问题：

- 组织所倡导的正确的、理想的做事方式是什么？
- 什么样的行为在组织中会得到奖励？
- 什么样的行为在组织中会受到批评？

在你阅读本书介绍的行为风格时，别忘了思考以上几个问题。问你自己：我的组织是不是就是这样的？

和之前个人使用 DiSC 工具时一样，讨论组织的风格时，最好也针对一种特定的情境。因为在某种特定情境下，一个组织的整体风格可能是典型的 D 型，而在另一种情境下，可能是典型的 S 型。

根据组织规模和其他一些因素，组织与组织之间存在着很大的差异。也许我们下面提到的任何一种描述和任何一个词语都不符合你所在的组织；也许你所在组织的风格不是单一维度的。但是，参考以下的描述，可以帮助你识别所在组织的一些典型特质。这个过程的结果不仅仅是对组织风格的一个简单判断，而是通过一段深入的分析，启发你对所在组织进行思考，从而让自己以更加有效的方式在这个组织中生存。

如果你能够判断组织的风格，那么你就可以很容易地回答以下的问题：

- 我做什么事情可以让组织运作更加高效？

- 在这个组织中，我如何才能更加有效地发挥我的优势？
- 在哪些领域人们容易对我产生误解？
- 我应该如何调整自己的风格，从而改变组织中人们对我的看法，改变我在组织中的工作方式？
- 组织是否愿意让我了解它的价值观？
- 我的需求和组织的需求之间是否存在差距？我做些什么才能弥补这个差距？
- 这个组织是否适合我？我是否适合这个组织？

D 型组织的信号

D 型组织有以下一些特征：

- 决策过程很快；
- 任何创新都会得到表扬；
- 在很多情况下，组织都想力争第一；
- 人们说话很直接，甚至到了生硬的地步；
- 打破规则并不会引起麻烦；
- 有很多领导和准领导；
- 很多事情都能做成；
- 充满竞争性；
- 人们喜欢使用强有力的体育用语（比如，我们打一场比赛，他真是一个灌篮高手，我们必须跑赢……）；

发现你的行为模式

- 敢于冒险的人会得到提拔；
- 人们喜欢先行动，再质疑，甚至不质疑；
- 装扮和社会地位被重视。

D 型组织给人的综合感觉包括自信、决策果断、敢于冒险、有成功的压力、不太考虑他人的感受、缺乏耐心、容易冲动。

如果上面的描述中有很多词语都符合你所在的组织，那么基本可以断定，你所在组织的风格属于 D 型。

D 型组织的故事

有一位顾问，他经常使用 DiSC 工具。他有一个朋友叫泰德。有一天下午泰德给这位顾问打电话，很激动地向他描述了自己的网站。他的网站现在决定给做短线投资的股票交易者们发送新闻信。短线投资者在当时是股市上的新生力量，基本上都是业余炒股者，他们认定某种特定的股票，在一天内买进卖出，有时候间隔几小时，有时候间隔仅仅几分钟。短线投资是一种快速的、高风险的、神经高度紧张的交易。泰德认为这些短线投资者对任何可获取的、有价值的炒股指南、心得和贴士都会感兴趣，而且他们愿意为这些信息付钱。因此，泰德找了三个写手连同他自己组成了一个团队，他们四位都是很有经验的股市交易者。另外，泰德还找了一位编辑，帮助他们对信息进行整理和编校，并最终发布给短线投资者。

"看不上去是个不错的团队。"听了泰德的介绍，顾问评论道。

泰德笑了，"哈哈，用团队这个词可能太乐观了。我们只是把自己

第 10 章 你的组织是什么风格

写的东西通过电子邮件发给编辑让他整理，如果他整理的时间太长，我们就呵斥他。"

"你们呵斥他？"

"是啊，他也觉得很沮丧。他经常抱怨我们提供的内容意思不一致、互相矛盾，而且总有拼写错误，或者没有标点符号等。但是，你知道，做我们这一行，速度是第一位的。短线投资的信息转瞬之间就会过期。"

"这是可以理解的。"顾问说，"但是，总是呵斥和催促别人的工作，这种管理方式并不一定奏效。"

"这是我们这个行业的特点。我们每个写手都有自己独特的工作方式，但我们有一个共同点，就是不管做什么事情，我们最讲究的是速度。我们很清楚我们需要一个编辑，但如果这个编辑赶不上我们的速度，我们就只能让他走人。说实在的，我们没时间让自己表现得那么和善和宽容。"

这位顾问浏览了一遍泰德的网站，阅读了他们发布的新闻信。新闻信确实很吸引人，里面包含了丰富的信息。顾问不懂短线投资，所以他没法判断这些信息和建议是否有价值。但有一点可以肯定，就是这些新闻信阅读起来非常吃力，里面充斥着奇怪的词语、拼错的单词、莫名其妙的标点。很明显这些信息是被快速拼凑在一起的。

浏览了一遍网站之后，顾问觉得他有必要和泰德好好谈一次话。他意识到这个团队中的四个写手所表现的都是典型的 D 型风格。他们对自己提出的建议非常肯定，希望能迅速地发布出去。他们根本没有兴趣花费时间梳理细节。因此他们很聪明地雇用了一位编辑来替他们

发现你的行为模式

做这件事情。这位编辑最喜欢的工作环境很可能是典型的 C 型风格。但遗憾的是，这几位写手虽然雇用了编辑，但根本没有发挥他的能力，这位编辑从始至终无法融入团队中。几位写手把编辑当成了影响他们工作速度的障碍，对他不停地呵斥和催促，最终导致发出的新闻信错误连篇。作为一份投资指南，内容应该非常严谨，但泰德他们发出的新闻信却给人一种粗制滥造的感觉。而这位编辑也很生气，因为他从来没有遇到过这么粗暴的一个团队。

几天之后，顾问给泰德打电话，建议他和团队多给这位编辑一些时间和灵活性，让他有时间对信息进行认真的梳理和整合。

"我们的行动比你快。"泰德说。

"是吗，太好了！"

"我们现在没有编辑了。"

"什么，你们让他走了？"

"也可以说是他自己辞职了。"泰德停顿了一下，接着说，"这也不错。他走他的路，我们继续走我们的路。这样，我们的新闻信就可以更快地和投资者见面了。"

一个团队应当包含多种不同的 DiSC 风格，顾问知道让泰德明白这个道理现在还不是时候。就像四位写手认为的那样，当前情况下，团队所有人都必须服从于一个共同的目标，那就是把投资信息快速地发布出去。投资者是不是愿意继续购买一份速度很快、充满 D 型风格特征、满是错误的投资指南？我们只能等等看。

140

第 10 章　你的组织是什么风格

I 型组织的信号

I 型组织有以下一些特征：

- 同事之间很友好，人们积极乐观；
- 有很多社交活动，人们没事儿时喜欢扎堆聊天；
- 工作场所充满乐趣；
- 喜欢开会，而且总是不能按时结束会议；
- 没有过多的流程和规则；
- 可以忽略掉一些细节；
- 有表彰和奖励机制；
- 表达和演讲技能在这里很重要，如果你这方面做得好，人们会崇拜你；
- 经常举办有趣的办公室聚会。

这样的工作环境充满热情、魅力和社交活动。人们充满激情，愿意表达自己的感情，不存在部门壁垒，没有陈规陋习。如果你可以在上面的描述中找到你所在组织的一些特征，那么可以推断你正处于典型的 I 型风格的团队环境中。

I 型组织的故事

"你的房子卖掉了吗？"苏珊问玛莎。

"有几次差点就要卖掉了，房产中介总这么说。"

发现你的行为模式

"你找的是哪家中介？"

玛莎说了这家中介的名字，苏珊以前也听说过。玛莎说："人们都说这家中介不错。约翰和泰德也是在这家中介卖的房。他们说，这家中介给人的感觉是什么事情都能做成，很积极向上。"

玛莎继续说："我去他们办公室时，确实也有这么一种感觉。他们对工作很积极，到处洋溢着热情。而且每个人都这样，从前台到我见过的每个代理。不论你说什么，他们总是说'没问题'！你知道，其实我很担心，我的房子只有两个卧室，而周围邻居的房子都是三个卧室，甚至四个、五个。但中介仍然说没问题，他说，'我们在打广告的时候，会把它定位成一辆时髦的运动跑车'。旁边的另一位中介插话说，'没有人希望要一辆四个门的跑车，所以，我们会让两个卧室的房子比四个卧室的房子看上去更有吸引力'。我不得不承认，我确实很感动。其实我很想知道他们到底采取什么办法把一个两个卧室的房子包装成诱人的跑车，但最后我还是没有问他们。"

"后来，他们经常告诉我房子快卖掉了。给你说实话吧，我越来越没有信心了。有时候，我真想掐着那个中介的脖子让他告诉我实际情况，房子既然那么诱人，为什么到现在还没有卖出去？"

"你是不是觉得他们不太实在？"苏珊问。

"是啊，房子到现在还没有卖出去，在他们这里挂牌都快3个月了。"

"但这并不能说明他们的乐观态度是伪装的。我感觉他们公司很推崇阳光心态，虽然这种态度有时候和现实生活有所脱节。我理解你为什么对他们失去了耐心。他们总给你发送好消息,但总达不到你想要的结果,确实让人沮丧。"

"我真想换一家中介。"

"当然可以。但在一家销售公司中,乐观精神是非常重要的。我的意思是,这里的代理们能说会道、善于推销,而且不轻易放弃目标,这是很难得的。"

"但是,如果我一直不能得到真实的信息,我们怎么再继续与他们合作呢?"

"直接告诉他们你需要什么。你可以先表扬一下他们,说他们的工作棒极了,你很感谢他们对待售房产充满了热情和兴趣。然后告诉他们你需要了解一些市场的反馈信息,潜在买主喜欢什么和不喜欢什么。根据这些信息,你也许会考虑调整房子的售价。"

"我没把握,我不知道能不能改变这些中介。你知道,他们看上总是很乐观,而且他们那里的每个人都被这种情绪所感染,好像每个人都很喜欢这种状态。"

"其实你并不需要改变他们,事实上这也不可能。况且你仍然需要他们的热情。直接告诉中介你需要他提供什么信息。你希望他们把热情和乐观传递给潜在的买主,而不是你。但是别打击他们,你要告诉他们,他们做的工作棒极了,他们的热情价值千金。然后,向他们直接提出要求,你需要一份客观的市场反馈信息报告。"

143

S 型组织的信号

S 型组织具有以下一些特征：

- 领导少，干活儿的人多；
- 公开的冲突少；
- 人们之间总是真诚地打招呼："最近怎么样？"
- 很平静地进行会谈；
- 对进度管得不严，甚至有些缓慢；
- 忠诚是一种很重要的品质；
- 人们喜欢团队工作；
- 员工彼此之间很随和；
- 人们互相协作完成任务；
- 人们愿意倾听他人的意见；
- 当发生变革时，人们无所适从；
- 人们总是把团队利益放在首位。

在这样的工作环境中，人们很有耐心、乐于助人、愿意替他人考虑。如果上面大部分的描述都可以应用到你所在的组织，那么基本可以判定你正在一个主导风格为 S 型的团队中工作。

S 型组织的故事

玛丽以前在一个小出版社当会计，那个出版社的工作环境给人一

第10章 你的组织是什么风格

种咄咄逼人的感觉。玛丽离开了这个岗位,目前在国家社区服务组织在当地的一个分支机构负责财务工作。

玛丽之所以做出这样的决定,完全是出于精神层面的考虑。玛丽希望加入一个关注社区生活并能提高生活质量的组织。新的工作没有让玛丽失望。刚开始的几周玛丽很兴奋,不仅因为这个组织所做的工作很有意义,而且这里的人们愿意帮助别人、关心别人、体贴别人、同情别人。以前小出版社的人们并不是不友好、不愉快,只是他们把全部精力都放在了业务上面,只关心如何在竞争中取胜,如何获取更多的利润。"你们家最近还好吗?""最近看了什么好电影?"同事之间的问候在那里根本就听不到,人们没有时间去关心这些事情。整个办公室里甚至连个咖啡壶都找不到。

一天,玛丽和一位朋友一起吃午饭,她感慨道:"你不知道变化有多大。这里的人们真的互相关心,他们之间不仅仅是同事关系,而是人和人之间的关系。你知道,我的小狗麦克斯每年夏天都会皮肤过敏。每到这段时间,它总是很难受,不停地挠自己的皮肤,这让我很痛苦。有一次在办公室茶歇的时候,我聊起了麦克斯过敏的事情。我们这里经常有茶歇时间,这里的人们对茶叶很有研究,而且经常拿来自己的珍藏品和大家一起分享。

"后来,可怜的麦克斯就成了我们茶歇时谈论的焦点话题。每个人都有一个治疗过敏症的处方,有一个人还告诉了我一个专门治疗动物过敏症的医生的名字。原来我根本不知道这么多的事情。现在,每天至少有两三个人会向我问起麦克斯的状况,'可怜的麦克斯,它现在好

发现你的行为模式

些了吗？'这就是我们的组织。"

几周之后，朋友再聚，再谈到她的新工作时，玛丽的语气中明显少了热情。"我真的喜欢这里的人，但有时候他们让我神经紧张。我们提出的行动计划中的每个步骤都会延伸为一个单独的主题会议。而且会议过程彬彬有礼：'你觉得这个任务怎么样？真的不会打扰你的工作吗？'他们总是这么客气。很多时候，生活在这么礼貌和体贴的人中间你会觉得很愉快，但是这么客气来客气去，最终什么事情也做不成。给你举个例子，我准备启动一套新的财务报告软件，在新财年开始之前，我需要把这套软件安装到位并投入运行。但是，由于每个人都是这套新软件的用户，于是会议就变得无休无止。有人会说：'好吧，新软件对我来说没问题，但是不是有人会觉得旧软件更好一些呢？'诸如此类的讨论一直持续到现在。"

在新工作岗位上又过了几周之后，玛丽又变得快乐起来。自从上次聚会之后，她的朋友一直为她担心，因此玛丽决定给她的朋友打个电话，告诉她最近的变化。

"你知道吗，我现在总算明白了应该怎么和这些人打交道。首先，每当我觉得自己快撑不住的时候，快要失去耐心的时候，我就让自己冷静下来，思考一下当初我为什么选择来到这个团队。这是一个好团队，这个团队在做很重要的事情，真正对社区有意义的事情。所以，我提醒自己瑕不掩瑜，只要整体上是满意的，小小的失意不算什么。

"另外，我还有一些别的发现。这里的人们并不是故意让我沮丧，事实上，他们根本就不想那么做。他们总是经常把时间花费在互相关心上，总是说'你还好吗''在开始做这件事情之前我想听一下你的看法'。这些客套话在开始的时候让我感到很烦恼。

"后来，我意识到这些问候并不是虚伪的客套，而是组织倡导的服务他人的理念的体现。我们的组织的工作本质就是向他人提供支持，所以我们这里的人们互相之间也养成了这样的习惯。

"现在当我需要快速决策时，或者我需要马上获得一些信息时，我会这么说'能不能麻烦你帮个忙，在周末之前把你的数据发给我，不胜感激'，要在过去，我一般会说'请在周五前把你的数据发给我，我真的需要它'。十之八九，我的话会泥牛入海，得不到任何反馈。但如果更换了语气，请求他们的支持和帮助，那么情况就变得好多了。虽然有时候我还是不能按时收到他们的数据，但只要稍微等一会儿，他们就会给我一个反馈。

"他们都是好员工，他们所做的工作非常有价值。我改变不了他们，即使我具有这种能力我也不打算改变他们。我能做的就是适应他们，这样做的结果是，目前这里的工作速度是以前小出版社的一半，但比我没入职之前提高了一倍。"

C 型组织的信号

C 型组织具有以下一些特征：

- 组织设置的标准很高；
- 关注细节可以得到奖励；

发现你的行为模式

- 崇尚分析型思考方式；
- 对准确性有严格的要求；
- 对绩效要求有清晰的定义；
- 每件东西都有固定的位置，每个位置都摆放固定的东西；
- 交谈时谨慎地遣词造句；
- 各项任务安排得有条不紊；
- 有计划，有应急计划，确保万无一失；
- 人们喜欢谈论"风险管理""书面跟踪""质量控制"；
- 一切井然有序；
- 有正式的或约定俗成的着装规则。

对这种工作环境的整体感觉是小心谨慎、严格控制、完美主义、吹毛求疵、严守规则。如果以上的大部分描述都很合适你所在的组织，那么基本可以断定你所工作的组织的主导风格为C型。

C型组织的故事

有一家小公司，其主营业务是生产和销售业余天文爱好者使用的一种特殊配件。公司拥有固定的客户群，虽然不大但很稳定。鲍勃是这家公司唯一的销售人员，他认为公司当前的状况虽然不错，但还不算太好，还有改进的空间。鲍勃乐于倾听客户的意见，因此对客户的需求很了解。有一个情况屡次被客户提及：手动调焦的小型望远镜总是出问题，即使把这个望远镜固定在很坚固的三脚架上，当你旋转焦距按钮的时候，望远镜还是会发生抖动。而这样一个轻微的抖动，可

第 10 章 你的组织是什么风格

以把你好不容易找到的恒星或行星从望远镜的可视范围内抖出去，这让人很沮丧。好几个客户告诉鲍勃，他们希望鲍勃的公司能够推出一款遥控自动调焦的望远镜，只要轻轻触动按钮，调焦装置就能自动对焦，这样就消除了望远镜的抖动现象。

听上去这是一款非常受欢迎的产品。鲍勃把这个主意告诉了公司的 CEO 艾德。和公司其他大部分的员工一样，艾德自己也是一位工程师。和所有工程师一样，面对鲍勃提出的新点子，艾德提出了一连串很具体的技术问题："怎么给它供电？使用哪种电动机？这些望远镜适合什么类型的连接装置？"

鲍勃只能坐在那里，最后，他问："艾德，我觉得这是一个好主意，从你的角度看，你觉得这是不是一个好主意？"

艾德未置可否。他的回答是："我们召开一个会议，听听每个人的看法。"然后他查看了一下自己的电子日历，说："22 号，星期三，10:45，你有时间吗？"

会议如期举行。在会议上，鲍勃以他一贯的热情向其他人介绍了这个新主意。末了，他问大家，"你们是怎么想的？这是一个很棒的主意，对吗？"

鲍勃话音一落，工程师们就提出了一系列的技术问题，比艾德之前提的问题还要多。

鲍勃像交通警察一样举起手，提问停止。

在随后的沉默中，鲍勃想过放弃这个新主意，反正公司现在的生意也不错，不缺这么一个遥控对焦望远镜。但是，最终他没有放弃，

149

发现你的行为模式

他决定用这些工程师们熟悉的语言和他们对话,至少,他准备学着用他们的方式和他们说话。

"我理解大家的感受,"鲍勃说,"我们需要为这个产品制定一个非常严格的技术规范,这也就是为什么今天请大家来这里的原因。首先,请允许我把我知道的信息准确地告诉大家。

"第一,顾客需要一个遥控调焦装置。

"第二,这个装置应该配置到不同的望远镜产品上。但我不知道我们可以给哪些望远镜安装这个装置,这是我们需要调查研究的。我会把这件事记下来。但有一点我可以肯定,装配遥控调焦装置的望远镜产品越多,我们可以销售的望远镜数量就越多。

"第三,根据我和客户的沟通,他们愿意为这个新产品出的价格大概是150美元。所以,这就是我们的目标零售价格。

"这是目前为止我能给你们提供的所有信息。请允许我提个建议,各位可以从以下几个方面入手来启动这个项目。

"首先,把所有的技术风险和阻碍因素都列出来,看看我们是不是能逐个克服?

"其次,把所有的专利问题都列出来。目前有关这方面我还一无所知,但在进一步深入技术细节之前,我们最好在这方面能达成共识。"

对鲍勃来说,用以上方式说话并不容易,其难度简直和说希腊语一样。鲍勃是典型的 I 型风格,他最擅长的是推广宏观概念,而不是细节。当需要面对细节的时候,他的第一反应是逃避。但随后他马上意识到与他面对面沟通的是一群行事风格为典型的 C 型的工程师。他们喜欢细节，他们需要细节和数据。因此，鲍勃决定向他们提供他们需要的信息，至少把他目前知道的信息都提供出来。他手头掌握的数据其实很贫乏，但他尽自己所能，把这些信息整理得很有条理、很系统。现在，做完了这一切，鲍勃想让工程师们知道，接下来后面的所有数据都将来自他们——一群非常善于对数据进行分析研究的工程师。

当鲍勃面对这群工程师的时候，他意识到他们看待世界的方式和自己完全不同。他曾经沮丧过，甚至绝望过，但是随后他意识到要处理这种情况并不是需要他改变自己，或者改变他人，更不能选择逃避，放弃自己的想法。最后，他决定调整自己的风格，向工程师们提供信息，让工程师们自己分析这些信息，回答他们提出的技术问题。

最后，艾德看着鲍勃说："大家都认为你的主意很有潜力。我们会马上开始这个项目的工作。会议到此结束。"

采取行动

对你所在组织的行为风格做出判断后，下一步你准备做点什么？

和之前学习了阅人技巧之后你有四种选择一样，现在你也有四种选择：

- 什么也不做；
- 采取行动，但是使用你最喜欢的行为模式；
- 调整你的风格，满足组织需要；
- 与组织中的其他人展开对话。

发现你的行为模式

有一点很重要，需要特别指出。就是你没必要和你所在的组织保持完全一致的风格。事实上，如果你的风格和组织不一致，还可以起到必要的平衡作用。但是，这种不一致有时候会让你感到不舒服。

你也可能决定和组织分道扬镳。如果你决定这么做，你并不孤独。根据美国劳工部的统计数据，每个人一生中平均更换雇主的次数达到七次，平均更换职业的次数达到三次。但是，也不要仅仅因为你的风格与组织的风格不一致就急于做出撤离组织的决定。你可以给组织带来一种全新的感觉，可以成为组织的特殊优势。同样，在自己感到不舒适的环境下工作，有可能会触发你的新优势，并且能提升你的适应能力。

结束语

轮到你了

"我可不可以拿一份回去让我丈夫（妻子）也使用一下？"很多来参加 DiSC 培训的人经常会提出这样的问题。

在本书中，我们讨论的是如何在工作场所使用 DiSC 工具，其实，你也可以在其他任何场合使用它。任何时候、任何地点，当你需要搞清楚自己或他人的感受、需求和想法的时候，你就可以使用 DiSC 工具。

工作关系充满了复杂性，与朋友、家人和你关心的人之间的关系同样也很复杂。观点的不同经常会导致误解或冲突。但有一点可以肯定，良好、有效的沟通可以促进感情的交流，从而提升人与人之间的关系。

你可以把本书介绍给你的朋友或家人，并且和他们分享使用 DiSC 工具得出的结果。但是一定要记得告诉他们，DiSC 的结果并没有错误

发现你的行为模式

和正确之分。DiSC 并不像某些杂志中刊登的测试题一样，测试完之后你会发现你和你的朋友原来都在用错误的方式对待对方。DiSC 谈论的是对你们彼此都很重要的事情，而且提供了安全而精准的用词，有利于人们之间的良好沟通。

很多人发现，在志愿者工作小组中 DiSC 工具非常有用。志愿者小组通常包含了各种各样不同风格的人。他们基于不同的原因、为了实现不同的个人目的而走到一起，作为一个团队共同完成一份组织工作。志愿者虽然付出了劳动，但并不拿薪水，因此组织应该允许并尊重他们按照各自的方式做事情。而且志愿者组织在面试和选择过程中，也不会要求志愿者的风格和组织保持一致，如果有人愿意来当志愿者，他们通常都会很高兴地接纳。如果你在志愿者组织中担任领导的角色，你可以使用 DiSC 工具来促进成员们在某个项目上的合作，或者在日常运行工作中的合作。

DiSC 和学校音乐会

如果你是一位家长，正准备参加孩子的音乐会：

- D 型风格——一直拿着手机说个不停，直到音乐会开始的最后一刻；
- I 型风格——充当欢迎其他家长的志愿者并向他们分发节目单；
- S 型风格——提前到场，在第一排落座，好让你的孩子看到你；
- C 型风格——提前到场，架起三脚架，调试你的录像设备。

结束语　轮到你了

很多时候，面对激烈的冲突，只有通过沉着冷静的分析才能真正解决问题，此时 DiSC 工具就可以发挥它的重要作用。DiSC 工具中使用的语言没有任何攻击性，它可以有效地缓和紧张关系，并开启当事人之间的对话。

我们也有一个专门为青少年设计的 DiSC 工具，叫作 I-Sight。很多学校在它们的课程和活动中使用了这个工具，还有一本专门为青少年写的介绍这个工具的图书，图书的名字叫《了解我，了解你》(*Knowing me, Knowing you*)，由 Inscape and Free Spirit 出版社出版。年轻人经常在表述自己的思想和感觉时遇到麻烦，DiSC 告诉这些年轻人，你不能选择你的感觉，但你可以选择你对这些感觉的反应。对于年轻人来说，这是一种能力的解放和扩张。

现在，DiSC 已经成为你手中的工具，而且终身保修，保证你永远都用不坏它。它可以帮助你走出各种困境，提升你与他人之间的关系，让你的工作和生活更加满意、更加成功。

记住：

- 不要给自己和他人贴上标签；
- 慢慢尝试，不要着急；
- 不要随波逐流；
- 做自己的专家，因为只有你最了解自己。

多维度 DiSC 风格

DI 型风格：积极活跃、善于引领

如果你在 D 和 I 两个维度的得分都达到了 44 分，那么你的风格为 DI 型。(DI 型和 ID 型并不一样。如果你在 D 和 I 两个维度的得分都很高，但是 I 的得分更高，那么你就是 ID 型。)

面对某种情境，如果你的风格是 ID 型，你会充满自信，相信自己一定能够把事情办成。你认为自己对情境有清晰的认识，而且你对情境有相当的影响力。你一心想加快速度，达成目的，你的大部分精力都花费在工作上。

你为团队带来的价值

你在不由自主地向领导者的角色迈进。即使你现在还不是领导，你仍然希望其他人能听从你的建议。典型的 D 型风格的人希望按照自己的方式做事情，典型的 I 型风格的人希望与团队分享愿景和目标，两者综合起来，DI 型风格的人工作效果会更加出色。

DI 型

什么让你精神鼓舞？

- 担当领导角色；
- 自己制订行动方案；
- 快速推进；
- 制定决策。

什么让你心灰意懒？

- 遵守详细的指导步骤；
- 忍受不喜欢的工作环境；
- 没有机会担任领导角色，没有机会发言，没有机会分享自己的观点；
- 不能亲临工作现场。

什么环境让你心存欢喜？

- 共同的兴趣和目标；

- 有地位；

- 知名度很高；

- 开诚布公地沟通。

什么事情让你避之不及？

- 遵守严格的规章制度；

- 项目工作很烦琐，步伐很慢；

- 被隔离，被孤立；

- 充满了消极情绪。

人们可能说你特别有个性，无论是你还是你的团队，都要把它看成一种赞美。

容易遭人误解的地方

在别人看来，你充满能量和动力。当目标出现的时候，你会迅速锁定目标。一旦你决定采取行动，你的能量将会排山倒海，不达目的誓不罢休。有的人赞赏你，有的人认为你歇斯底里。有时候和你一起工作很累，因为人们总是需要不停地努力去追赶你的进度，长此以往，和你共事的人可能因为身心疲惫而对工作失去兴趣。

一旦其他人的能量、意志和关注度赶不上你的步伐，你很可能说："还是让我自己来吧。"你愿意独立启动项目和承担任务，这种精神对团队来说很重要，但如果你总是一个人做事情，那无疑会疏远你和同事的关系，同时你自己也会由于工作负荷过多而精疲力尽。

以下的情境中你很容易与他人产生冲突，因此要格外注意：

- 如果他人的工作进展和决策速度不符合你的要求，你会把他们从团队中驱逐出去；
- 采取行动时，你容易冲动；
- 过于偏好竞争，将影响你和他人的合作。

需要与他人分享的信息

如果你常用的风格是 DI 型，那么你最好告诉你的同事，你最喜欢的工作方式是什么，在何种情况下，你可以把工作做到最好。

让你的同事知道，你喜欢按照自己的方式做事。因此，你不希望别人对你的工作提出过于详细的指导，这会让你很不耐烦。你喜欢创新，如果给你足够的空间，你会把问题处理得相当完美。

在团队分配工作时，你可以主动申请承担那些重要的任务。在这些任务上，你可以竭尽所能，最大限度地发挥你的潜力。

在对团队目标达成共识之后，你可以请求团队把总目标进行细分，这样你就可以独立完成属于你的那部分工作。但是，在一头扎进工作之前，你要再次确认你的目标及行动方案和团队的要求一致。

需要格外留意之处

你具有自我指导的能力，而且你精力充沛、百折不挠，所以很多人愿意听从你的领导。但当跟随者追不上你的步伐时，你会表现出失望甚至愤怒，你的这种反应不仅会破坏团队的生产效率，而且会影响团队士气。如果出现这种情况，人们会认为你实际上并无领导能力，而只是喜欢把自己的意愿强加在他人身上。

走出困境

困境：你突然发现自己是个光杆司令。

对策：也许你认为其他人的意见对你的工作并不重要，但是，你必须主动去征求其他人的意见。因为通过这种方式，你可以让其他人参与到项目中来，而且通过询问你可以判断这些人对项目的投入程度。另外，每个人都希望领导能关注他们，听取他们的意见。

困境：工作完成了，但结果不是你期望的。

对策：在工作过程中，一定要主动去获取其他人的建议。

困境：任何事情，你都要亲力亲为。

对策：也许你会觉得亲自操刀效果会更好一些，但是先停下来想一想，如果你能激励其他人与你一起工作，是不是可以更好、更快地实现目标。

你的底线

如果你是 DI 型风格，那么你一定是办事果断、说话直接的人。有时候，正是这种能力帮助团队迅速走出困境。如果你和团队可以共享目标，那么你的工作效率会更高。为了保证所有成员都能认同团队的整体目标，记得一定要花时间做更多的沟通工作，不光宣讲，还要注意倾听。对其他人的意见要保持开明、兼容的态度。你喜欢按照自己的方式行事，但同时还应关注其他人的想法。

DI 型在工作中

萨拉决定不能让这种事情再次发生了。

萨拉是一家广告公司的策划经理，去年，她曾经负责为一个客户新发明的擦鞋机制订广告营销方案。为了完成这个任务，萨拉使出了浑身解数，她对这个产品充满热情，她设计的广告方案中包括了电视广告、电台广告、彩色平面广告等代价不菲的活动。在整个过程中，萨拉把自己的创造力发挥得淋漓尽致。最后，她在非常短的时间内准时完成了广告方案，这一部分归功于萨拉过人的精力，另一部分归功于萨拉根本就没有"浪费时间"去征求其他人的意见。

重要的那一天到了，面对生产擦鞋机的客户，萨拉开始宣讲她精心策划的广告方案。她充满激情地介绍着电视广告、电台广告、报纸杂志广告，甚至专门制作的商业信息片……

客户惊讶得下巴都快掉了。

"我的方案让他们震惊了。"看着客户惊讶的表情，萨拉心里不无得意，"你看这些家伙，他们都不知道说什么了。"

客户开口说话了："你知道，这只是一台擦鞋机。"

萨拉饱含激情的广告方案大大超出了客户的期望和需求，也大大超出了客户的预算，这样的结果是她没有预料到的。她看到老板正在和客户凑在一起商量，他们准备把广告简化为几页的黑白报纸广告和一个 15 秒的电台广告。

发现你的行为模式

幸运的是，因为萨拉坚持自己做事情，所以这个广告策划活动并没有浪费公司其他人的时间。但是，如果萨拉能够花时间去问一下其他人的意见，能够核对一下自己的工作目标和其他人的工作目标是否一致，那么她就不需要花费这么多的精力和时间去完成客户根本不需要的东西了。

现在，萨拉又拿到了一个广告策划任务，她需要为一个新型的学生用橡皮擦做广告策划。 萨拉的热情又一次被点燃了，她又开始考虑大型的电视广告。但是，她迅速意识到自己应该先停下来思考一下。

"我需要先和客户开一个会议。"萨拉对自己说。

她将目光离开计算机屏幕，拿起电话，开始拨客户的电话号码。

ID 型风格：善于表达、喜欢参与

ID 型风格同样综合了 D 和 I 两个维度的特征，如果你在 D 和 I 两个维度的得分都达到了 44 分，而且 I 维度的得分比 D 维度高，那么你就是 ID 型风格。DI 型和 ID 型的差别很大，DI 型是目标驱动型的，而 ID 型则是关系驱动型的。

面对某种情境，如果你的风格是 ID 型，你一定会自由地表达自己的感受，而其他人也会热情地给你回应。你不惧怕也不逃避棘手的人际关系问题，因为你善于解决冲突，并且能够关照每个人的感受。

你为团队带来的价值

你是团队中的核心人物,你积极参与,主动贡献自己的意见,同时你还鼓励其他人也这么做。你充满热情,尤其当你的工作受到大家的普遍关注时。

ID 型

什么让你精神鼓舞?

- 建立牢固的工作关系;
- 为新挑战提供支持;
- 为团队成功做出贡献;
- 对团队工作结果负责。

什么让你心灰意懒?

- 日常的工作任务和流程;
- 与人互动机会很少;
- 与你协作的同事了无生趣。

什么环境让你心存欢喜?

- 令人激动的新项目;
- 开诚布公的冲突解决流程;
- 你的付出得到认可。

什么事情让你避之不及?

- 冲突盛行;

发现你的行为模式

- 死板的规章制度；
- 详细深入地分析；
- 你的观点和判断被人怀疑。

你是一个积极乐观的人，因此你不害怕冲突，你相信凭借自己良好的沟通能力可以应对各种棘手的情境。

容易遭人误解的地方

合情合理的热情对于任何团队来说都很重要。如果你采用的是 ID 型风格，当组织面对一个新的项目或任务时，你会汇集大家的力量，对新工作给予支持。

你表现得非常积极，而且很受人欢迎，所以有些人会因此而怀疑你的动机。他们会怀疑你之所以这么积极是为了引起人们的关注，提升自己的地位，从而谋取更多的权力。其实，你只是想得到大家的信赖，你根本就没有什么秘而不宣的动机。你只是很自然地表达自己的热情、坦诚和单纯，尽管如此，有些人还是怀疑你动机不纯。

需要与他人分享的信息

与你相处非常容易，你可以适应各种不同的工作和工作环境。但是，下列三种情境对你来说充满挑战：

- 规章制度缺乏灵活性；
- 需要对工作进行详细而深入的分析；

- 有人对你的观点或判断提出疑问。

因此,你要主动告诉你的同事,如果不要求你遵守那些严格的规章制度,不要求你遵守详细的指导步骤,你的工作绩效会更好。你既有意愿也有能力对自己的工作进行自我指导。

需要格外留意之处

你希望快速推动项目进展,因此你正在帮助团队克服惰性、快速行动。但如果你不深入调查问题,对问题的处理只限于表面的话,你很有可能会引发麻烦。有时候,为了避免碰到阻碍进度的问题,你甚至不愿意对工作进行详细检查。

如果出现问题或冲突,你会主动跑过去解决问题,但其他人会认为你根本没有理解问题的复杂性和形势的严重程度,他们会认为你的解决方法就是在大事化小、小事化了,甚至有人认为你在粉饰太平。因此,在解决问题和冲突的过程中,不仅要注重解决的速度,更重要的是仔细倾听其他人对问题的看法。

如果你是单纯的 D 型风格,即使其他人抱怨他们的意见没有得到你的关注,你也会对此毫不在乎。但现在你是 ID 型风格,你很在意和其他人的关系,有时候你把关系看得比任务目标还要重要。

有的工作需要你付出耐心并关注细节,仅有热情并不能应对所有的情境。

发现你的行为模式

走出困境

困境：人们认为你很傲慢。

对策：你需要让其他人知道你的观点"成功需要每个人的努力"。如果你肯花时间邀请每个人都参与到项目工作中，你在其他人心中的印象会得到大幅提升。

困境：因为你忽视了一些重要细节，项目现在出问题了。

对策：你总是在催促项目进度，因此你很容易疏忽项目中的重要细节。为了解决这个问题，你可以请其他人对你的工作进行定期的检查。虽然这么做对你来说并不容易，但总比返工和后悔要好得多。

你的底线

热情是一种可以传染的能量，但不要让别人把你的热情看成作秀。

ID 型在工作中

比尔是销售部门的销售明星，因为他总是能顺利完成销售定额。因此，销售总监玛丽把最有潜力的客户分配给了比尔，因为她知道比尔既有啦啦队长的热情，又有马拉松队员的韧劲儿。

能拿到这么多颇具潜力的客户，比尔当然很高兴，他喜欢获得销售佣金，也喜欢成为销售明星。

但是，比尔最近有一种感觉，他发现同事们并不喜欢见到他，即使偶尔几次和同事聊天，也都是比尔主动提的话题。如果比尔不主动说话，同事们都懒得和他打招呼。

比尔感觉一定是出了什么问题。最近，玛丽把潜力客户都分配给了比尔，而其他销售人员却每天都在打陌生电话。

"但这也是正常现象，公司总要有人去打这些陌生拜访电话。"比尔心想。

确实如此，给陌生人打电话是公司新业务的来源。但遗憾的是，打100次这样的电话才可能产生一个继续跟踪的机会，剩下的99个电话换来的只有冷漠、失望和沮丧。拨打陌生电话是一项非常艰巨的工作，却很难获得成绩。比尔知道自己之所以有今天的待遇，完全取决于自己出色的销售业绩。但他也意识到，其他销售人员从内心很厌恶他的这种明星待遇。因为比尔干的是明星的工作，而他们干的却都是脏活累活。想到这里，比尔决定主动找销售总监谈一谈。

"玛丽，我知道这听上去有些疯狂，但是，我觉得我也需要承担一些拨打陌生电话的工作。"

玛丽惊讶得下巴都快掉了。会谈之后，玛丽给比尔分配了一些陌生客户的名单。从那时起，比尔每周都会花费两天时间去打陌生电话。和预期的一样，这项工作单调无趣，而且经常让人沮丧，但从那以后，他的同事开始主动找比尔说话。比尔自己感觉也舒服了很多，他觉得这么做完全值得。

DS 型风格：自我激励、乐于助人

面对某种特定情境，你在 D 和 S 两个维度的得分均达到了 44 分，那么你就是 DS 型风格，不管 D 和 S 哪个维度的得分更高。

D（支配型）和 S（支持型）看上去好像是相反的，因此，如果你面对某种情境采取了 DS 型风格，你的行为表现是否会自相矛盾？当然不会，这只能说明你的行为表现中包含了足够的灵活性。你在内心指导方面采用了 D 型风格，同时你很愿意为其他人提供支持。一方面你意志坚定、决策果断，虽然有时缺乏耐心；另一方面你有为他人提供帮助的强烈愿望，你在这两个方面保持了平衡。

你并不想刻意成为一个广受欢迎的人物，但你认为和这样的人愉快相处非常重要，这会提升你的工作满意度。你制定目标并致力于实现目标，同时你会考虑如何让其他人从中受益。

因为你既能自我激励，同时又乐于助人，所以你特别喜欢那种既能发挥自己独立工作的优势，同时又能与他人协作的工作机会。

单纯的 D 型风格的人敢于直面冲突、敢于面对激烈的竞争，但 DS 型风格的人不是这样的。

你为团队带来的价值

DS 型风格的人可以和其他人相处得非常好，但同时又不对其他人有依赖感。你愿意自己发起新任务，自己设计工作思路，自己制订解决问题的方案。你的工作成果质量水平很高，这一点你的同事会慢慢发现，因此他们会逐渐表现出对你的赞赏和忠诚。

DS 型

什么让你精神鼓舞？

- 个人对目标做出承诺；
- 既能独立工作，又可与团队协作；
- 推动项目进展；
- 个人责任感。

什么让你心灰意懒？

- 个人的感受被忽视；
- 质量被忽视；
- 公开的冲突；
- 具有攻击性的竞争。

什么环境让你心存欢喜？

- 方向目标很清晰，并得到团队认可；
- 优秀工作得到认可；
- 多样化的需求得到尊重。

什么事情让你避之不及？

- 请求他人帮助，即使真的需要；
- 人们不停地对你制定的决策提出问题；
- 尴尬，让人为难的情境。

容易遭人误解的地方

因为综合了 D 型和 S 型的特征，因此，你的表现有时会出乎人们的想象。你能够自我激励、意志坚定、敢于冒险，同时你很友善、乐于助人、愿意为别人着想。你的同事通常只会注意你行事风格的一个方面，有一天当他们发现你还有另一面的时候，他们可能认为你故意出其不意、攻其不备。

你喜欢独立工作，这一点很容易遭人误解，其实你不是对团队不忠，而且你不太喜欢并肩作战的工作方式。

需要与他人分享的信息

你需要告诉团队成员，虽然你喜欢独自工作，但你也是一个很好的团队成员。即使在独自工作的时候，你也会把团队利益放在首位。

你具有自我指导的能力，你经常自我反思、自我批评，这样做非常有价值。别人提出意见时，你愿意耐心倾听，但你更加相信自己的判断。拒绝倾听他人的意见不是一种好的行为，当你感觉自己确实不需要他人的建议时，请不要主动去寻求他们的建议。

需要格外留意之处

DS 型风格中的某些特征确实是互相矛盾的，要在这些矛盾的因素中找到平衡不是件容易的事情。你为自己设置了很高的个人目标，你有能力自我指导、自我鞭策，同时你做每件事情时都会考虑团队的利益，你担心如果不能做好自己的工作，其他团队成员可能对你失望。

你是一个富有责任感的人，但你害怕让他人失望，因而给自己制造了太大的压力。以下的一些建议可以帮助你保持平衡：

- 你对自己的要求比其他人对你的要求要严格得多，你需要意识到这一点；
- 不要总是把整个团队的责任扛在你一个人的肩上；
- 寻求来自同事和团队成员的支持，相信他们一定会支持你；
- 听取其他人的反馈，他们比你更加欣赏你所做的工作。

走出困境

困境：所有的事情都由你一个人来扛。

对策：给其他人一个帮助你的机会，强迫自己把一部分工作授权出去。

困境：你对自己的要求过于苛刻。

对策：倾听来自其他人的反馈，这可以帮助你重拾信心，同时会舒缓你的紧张情绪。

你的底线

你很不愿意去寻求他人的帮助。当需要你完全独立工作的时候，这是你的优势，和你共事的其他成员会很感激你，因为你总是主动承担工作，不给他们增加额外的负担。但是，不要让你的独立性发挥得过了头。有时候，寻求帮助是一种最快、最高效，甚至最彻底的解决问题的方法。你自力更生的精神很宝贵，但不要成为这种精神的奴隶。

发现你的行为模式

DS 型在工作中

乔治是一个很负责任的人，他在一家石油开采钻头制造公司担任首席销售。他们所从事的是一个专业技术领域，每个客户都是实实在在有具体需求的客户。这些客户喜欢和乔治做生意，因为他们认为乔治就是他们中的一员，乔治对石油钻采非常了解，对钻头的专业技术也很精通。事实上，乔治的专业知识和专业工程师不相上下。

卖了25年的钻头，乔治成了这个行业的传奇。乔治很享受自己得到的荣誉，同时他也开始考虑退休的事情。乔治买了不少公司的股票，他对公司的未来非常看好。另外，乔治决定培养一批新的销售人员，这样在他退休之后，公司的业务不会受到影响。

在这批优秀的候选人中，最被乔治看好的是萨利。乔治认为她几乎具备了一名优秀销售人员应该具备的所有素质。和乔治一样，萨利对业务非常精通，同时她还有一个工程方面的学位。她知道如何提出建议，以及如何倾听他人建议。她的沟通非常清晰，而且通过沟通可以向其他人传递温暖。

唯一的问题是，她不敢单独面对客户。

最近，乔治决定让萨利参与到自己的销售工作中，并且让她负责其中对客户的演讲工作。

"你表现得非常出色！"每次乔治都这么表扬她。

"谢谢。但是如果你不在场，我就不知道该怎么办了。"

每次，乔治安排萨利单独去处理事情时，萨利总是很不情愿，并且能找出很多借口。没有办法，乔治只能决定做一次勇敢的赌博。和乔治关系最好的客户是一家大型的钻井公司，乔治花费了五年的时间和耐心，最后拿到了这家公司的合同，而且是一份排他性的合作合同。这份合同为乔治带来了荣誉和光环，因此他对这个客户非常重视。

乔治把萨利叫到办公室。

"我准备派你去 Simspon 装备公司向它们介绍我们的新钻头。"

"什么，它们一直是你的客户，你们都合作了很多年了。"

"11 年零 5 个月，如果你想知道详细数字的话。但是，现在该你去见它们了。"

"不行，乔治，我不了解它们，它们都是你的客户。"

"不要担心，我对你有充分的信心。你会完成好这个任务的。至于我，我明天连办公室都不会来了。我需要请一天假。而且我明天还不方便接电话、接传真，也不能用计算机。我要放松一下，我知道没有人比你对新钻头更了解。你知道这个客户对我们的重要性。因为你是我们这里最好的销售人员，所以我们才决定派你去见这家客户。好吧，下周一你从客户那儿回来之后我们再见。"

萨利很为自己担心，但最终不出乔治所料，她顺利地完成了任务。周一，她坦诚地告诉乔治这是她有史以来遇到的最艰难的情境。乔治笑了，但是他并不准备坦诚地告诉萨利，请一天假对他来说是多么艰难的决定。

发现你的行为模式

DC 型风格：依靠自己、善于分析

面对某种情境，你在 D 和 C 两个维度的得分都达到了 44 分，那么你的风格就是 DC 型，不论其中 D 和 C 哪个维度的得分更高。

采用这种风格时，你对情境进行了仔细的分析，你一定会去征询其他人的建议。如果有人对你的判断提出疑问，你会迅速反击，这样做并不是为了自我保护，而是因为你在做出判断之前确实进行了详细周密的分析。你从来不会冲动行事。

你为团队带来的价值

你经常发现其他人没有注意或故意忽略的问题，你善于在问题发生之前采取预防措施，你的这些行为特征会得到团队其他人的一致认可。

DC 型

什么让你精神鼓舞？
- 对质量和准确度的认可；
- 有时间对事情进行周密的考虑；
- 独立工作；
- 各司其职。

> **什么让你心灰意懒？**
>
> - 自己完全有能力应对的任务却需要与他人分享控制权；
> - 自己的工作完成了，不得不等待其他人的工作。
>
> **什么环境让你心存欢喜？**
>
> - 重视质量；
> - 有时间对问题进行全面的检查；
> - 清晰的规则、流程和目标；
> - 高绩效标准。
>
> **什么事情让你避之不及？**
>
> - 冲动行为、快速决策；
> - 小组分析；
> - 获取建议。

你对团队的贡献不只这些，你所交付的产品都具有很高的质量标准，你制订的计划周密、详细，你负责的工作完全符合要求。

容易遭人误解的地方

你喜欢花时间对事情进行周密的考虑，因此有的团队成员认为你在拖他们的后腿。有些人认为"工作效率"意味着行动，而你却总是在思考，"思考"在他们眼里不算工作。

你善于提前预测问题，你的这种能力会让人误以为你是悲观主义者。你总是给别人的美好规划泼凉水，所以有些人不喜欢你。

还有一些人可能误解你的沉默。你的沉默只是表示你保留自己的看法，但其他人却认为你在思考，而且他们很想知道你的想法。因此，建议你干脆把自己的想法说出来，否则别人很容易猜错。

但是，如果你真的把自己的想法说出来会有什么问题呢？你说话太直白，因此你通常选择沉默，除非有人执意要你说出来。但话从你嘴里说出来之后，你的想法不像一个意见或建议，倒像在抱怨。所以，其他人会把你当成一个爱抱怨的人。

你很独立，而且追求完美，就这会让很多人误以为你不好相处。还有些人会认为你喜欢独立，不合群。没有关系，尽管承认就是了，你不会轻易屈服于别人的要求。

需要与他人分享的信息

其实，你的同事、老板、下属甚至客户中，有一大部分人没有意识到计划的重要性。所以，面对这种情况，你要让他们知道详细计划可以带来的好处，告诉他们把事情做好做细的益处。所以，准备好，必要时和你的同事、成员甚至老板好好沟通一下。

从项目一开始，你就应该提出自己的问题并提供建议，不要等出现重要问题，迫不得已的时候，你才发出抱怨之声。

你考虑事情确实非常周全，因此，你完全有理由相信你的行动方案是正确的。但是，也要主动听取其他人的看法。

你有能力对工作进行自我指导，你几乎不去寻求他人的帮助。你不会固执地拒绝帮助，你只是从来没有想到过这件事。也许你可以从以下两个方面对你惯常的行为方式做一些调整：
- 偶尔去请求帮助，并且优雅地接受他们的帮助；
- 鼓励他人征询你的意见。你可以主动地和其他人进行讨论，告诉大家你很想为团队出一臂之力。

需要格外留意之处

典型的 DC 型风格的人，往往是相关领域的专家。他们很可能受过专业的训练，具有专业的教育背景，并且有丰富的专业经验。假如你是这样的人，你会认为其他人懂得没你多，因此还不如自己独立工作。确实，你很适合高强度、高要求、高质量的独立工作，因此，你总是尽可能地寻找独立工作的机会。但是，大部分项目都需要多人参与。在这种情况下，你会觉得很受挫，因为团队成员无论是从经验、技术还是对质量的把握上都不如你，但你不得不与他们共享对项目的控制权。而且你会觉得他们做事很仓促，从来不肯花时间进行详细的事前规划。一些即兴、冲动的做事方法会把你逼疯，尤其是他们的这些行为打乱了你事先制订的工作计划时。

你总是能敏锐地发现潜在的问题，但不要由此就轻易地把别人的新想法扼杀在摇篮中。如果选错了方向，跑得再快也没有意义，但尝试新方法、鼓励冒险、容许他人犯错误同样也很重要。当你需要对别人的观点提出疑问时，记住要先说一些正面的看法，这样可以让你的意见听上去更顺耳一些，比如，你可以这么说："乔治，这是一个不错的方案。生产周期需要多少时间？我分析好像至少需要 60 天，如果是那样的话，我们可能面临一些市场方面的问题。"把你的怀疑用提问题的方式说出来，而不是用宣判或评论的方式说出来，要给予对方反驳的机会。也许针对你的质疑对方早就有了应对方案，即便没有，你的质疑也会激发他人去寻找解决方案。

走出困境

困境：在某次会议上你集中爆发了。

对策：也许你一直就有自己的看法，但你一直守口如瓶。尝试着从一开始就问问题、提建议，并且一直保持这种状态，但要注意态度，不要用批评和挑剔的语气。

困境：你提出了一个问题，大家的讨论戛然而止。

对策：当你提出问题时，请使用疑问句，而不是判断句。"我们怎么应对……"听起来比"这个方案不可行，因为……"更容易让人接受。判断句很容易为讨论画上句号，而疑问句则可以引发人们的讨论，从而收获一些新的观点和方案。

困境：你认为自己的方案万无一失。

对策：尽管如此，你还是应该询问一下其他人的建议，并让他们参与进来。

你的底线

你要求严格，善于分析。因为有你，团队可以少走弯路。当你独立工作的时候，你会全身心投入，你交付的工作成果具有很高的质量水准。

DC 型在工作中

艾利斯是一家银行的沟通专家,为了保持与各个分行的联系,总部每周都会向全行发送一封电子新闻信。编写和发送这封新闻信就是艾利斯诸多工作中的一项。

艾利斯在完成这项工作时使用的是 DC 型风格,事实证明效果很不错。她发挥 C 型风格的优势,让所有的细节都处于掌控之中,每周,新闻信总是保质保量地如期发出。同时,她还利用了 D 型风格的优势,要求其他员工按时把他们的稿件发送给自己。在工作中,艾利斯既可以快速决策,同时还能保证质量。

SI 型风格:愿意支持、处事灵活

面对某种情境,你在 S 和 I 两个维度的得分都达到或超过了 44 分,而且 S 维度的得分等于或高于 I 维度,那么你就是 SI 型风格。如果两项都达到了 44 分,但 S 维度的得分比 I 维度低,那么请看下一节。

如果你是 SI 型风格,那说明在特定的情境中,你特别看重关系的价值。你总是努力寻找机会来帮助其他人。团队成员们是否能友好协作对你来说非常重要,尤其是你自己是否能和其他成员融洽相处。你希望团队和谐,为此你可以灵活地调整你的要求。你希望有机会向其他人证明,你是一个可以依靠的人。

发现你的行为模式

你为团队带来的价值

你特别看重你为团队带来的价值，这就是你对团队的价值。你喜欢和其他人融洽相处、友好合作。团队协作对你而言是一件非常值得去做的事情。

SI 型

什么让你精神鼓舞？

- 积极的团队协作；
- 为他人提供服务；
- 建立良好的关系；
- 其他人信赖你。

什么让你心灰意懒？

- 独立、隔离的项目工作；
- 竞争；
- 关系紧张、充满敌意。

什么环境让你心存欢喜？

- 协作、和谐；
- 有技巧的、相互尊重的沟通。

什么事情让你避之不及？

- 成为关注的焦点；
- 正面冲突、紧张局势；
- 说"不"，即使为了你自身的利益。

你很友好、很随和，但你并不是要刻意成为一个广受欢迎的人。你关注其他人的需求，并且希望通过自己的努力让他人感到快乐。你的目标是"客户满意"，不论这个客户是外部客户，还是内部的同事或老板。

和你一起共事的人很欣赏你这种亲切、随和的做事方式及你处事的灵活性，他们也很欣赏你为他们提供的支持和帮助。

容易遭人误解的地方

你总是表现得很随和、很平静、很淡定，所以人们会认为你有能力应对各种情境。是的，你的灵活性可以应对很多艰难的情境，但如果面对特别复杂的情境，你同样会束手无策。同样，面对重大的变革，你会感到非常难熬，你的心理反应和其他人看到的表象并不一致。虽然你足够灵活，可以因需而变，但如果周围总是发生突然变化，你会感到紧张和烦恼。

你期望回避冲突，因此很多时候你都不愿意与人争执。于是，有人会利用你的这个特点，也有些人会认为你缺乏硬气。

需要与他人分享的信息

考虑一下，为什么冲突对你来说这么艰难。其实让你感到不安的不是冲突本身，而是与冲突相关的一些情绪因素，你不希望让其他人不高兴或为难。举例来说，"咖啡机应该放在大厅"和"咖啡机应该放在茶水间"这个问题对你来说，放在哪里是次要的，你关注的是与此

发现你的行为模式

相关的情感因素。你不应总是回避冲突，而应该把关注点放在问题和事实本身上。把"咖啡机应该放在大厅"和"咖啡机应该放在茶水间"两个方案的优点和缺点都列出来进行分析比较，你要关注的是咖啡机的最佳放置地点，而不是谁会高兴或谁会不满。

你总是慷慨地为他人提供帮助，但你也要大声说出自己的需求，否则别人会把你的慷慨看成一件想当然的事情，甚至有人会利用你的慷慨。

你看上去总是很镇定，其他人误以为你可以处理任何事情。花时间评估一下你的抗压能力，分析一下应该采取什么行动来照顾一下自己的需求。其他人也许会认为你有无限的抗压能力，但你自己可千万别信以为真。

可以在有意无意之间向你的同事透露，虽然你几乎从不抱怨，但你也并非总是很快乐。下次，当你的同事表扬你很随和，容易相处的时候，你可以微笑着说："唉，我也有扛不住的时候。"

你不喜欢那些让人不安、火药味儿十足的场合。面对这些情境，你选择隐忍迁就，而不愿直接与他们对话，更谈不上申诉和指责。不要这么压抑自己，尝试着说出自己的想法，慢慢来，如果你还是没有把握，那么在发表观点之前可以先征询对方的许可，比如，你可以说："皮特，我知道这是你的项目，我知道这个项目做得很好。我想提出一点小小的看法，不知道你是否介意？""玛丽，我想提一点关于琼斯案例的建议，不知是否可以？"

需要格外留意之处

你不可能在所有的情况下让所有的人都高兴。如果你真这么做了，那么你肯定是把很多到了嘴边的话又咽下去了。要警惕，看看你是不是因为怕惹某些人不高兴或怕伤害了团队的热情而保留了什么重要的信息。如果你把问题搁置一旁视而不见，那么可能目前你回避了一个小小的冲突，但在今后的道路上埋了一颗大大的炸弹。

有时候，解决问题的最佳方案确实会让一部分人不高兴，但为了整个团队的利益，你必须勇敢地说"不"。

如果你自己看到了问题，但你不说出来，后果会怎么样呢？也许其他人会说出来。但如果其他人也不说出来，所有的人保持沉默，结果会怎么样呢？

走出困境

困境：你看到了一个问题，但你决定不说出来。

对策：在变革过程中，你的适应性非常重要。但是，如果你认为某个决策对于项目或团队利益没有好处，你还默许这个决策，那么你的行为是很不明智的。

困境：有些人总在利用你。

对策：你总是很慷慨地向其他人提供帮助，但是，你也必须大声地说出自己的需求。

困境：你承担了太多的压力。

对策：因为你总是表现得很镇定，所以其他人会认为你能够处理

发现你的行为模式

各种问题。分析你所面临的压力的来源，关爱自己。

你的底线

你一直在寻找机会帮助他人，你的慷慨会让他人受益，而且你也将从中得到回报。

SI 型在工作中

约翰是一家大型邮购公司的客服代表。他已经多次使用 DiSC 工具，每次他都会选择一个为客户提供服务的具体情境，对自己的行为模式进行打分，而每次的打分结果都表明他是典型的 SI 型风格。

约翰的服务格言是"永远不要说'不'"。

一次，一位培训师问约翰："约翰，你每次都能向客户提供他们需要的东西吗？难道你从来不需要说'不'吗？你工作过的所有公司都不需要对客户说'不'吗？"

约翰回答道："您说得对，事情并不是总那么顺利。但是，面对每个客户电话，我都告诉自己，说'不'不是我的风格。有了这种心态，我就不会随意或轻易地对客户说'不'了。我是典型的 SI 型风格，拒绝他人会让我感到很为难。但是，我也逐渐体会到，即使你不能向客户提供他需要的东西，你也不一定非得说'不'。

"举个例子，有一次一位客户给我打电话，希望变更她的订单。我在计算机上查了一下，她的订单已经发货。现在，我是不是应该告诉客户'您的订单不能变更，因为我们已经发货'。当然不是，我会告诉她关于这个订单的一些信息。我会这么给她打电话，'史密斯小姐，您的订单已经在两天前发货。我们现在能做的是，马上为您新选的货物下一张订单并且马上发货。同时，在这个新包裹里，我会放入一张标有"退货"的不干胶贴纸。您收到上一个包裹的时候，请您不要打开。收到新包裹后，把里面的"退货"标签取出，贴在上一个包裹上，给我们发回来'。

"因此，即使我不能向客户提供他们需要的服务，我也不会生硬地说'不'。我不会总纠缠于我们不能做什么，而是会迅速告诉客户我们可以做什么，向客户提供我们的备选方案。使用这种方式我会感觉更舒适一些，而客户的满意度也得到了保证。告诉客户我们能做什么，而不是一再地强调我们不能做什么。"

IS 型风格：激励他人、愿意合作

面对某种情境，如果你在 I 和 S 两个维度的得分都达到或超过了 44 分，而且 I 维度的得分比 S 维度的得分高，那么你是 IS 型风格。

你非常注重建立关系，而且你会从中受益。你通过帮助别人来帮助自己。

在需要领导力的情境中，IS 风格会经常出现。IS 型的领导者通常是一位非常出色的导师，他们通过激励手段帮助他人成长。

发现你的行为模式

IS 型

什么让你精神鼓舞？

- 和团队一起工作；
- 领导或影响一个团队；
- 成长和学习；
- 建立有用的关系。

什么让你心灰意懒？

- 看不清前景，缺乏认同感；
- 背负他人的感受和问题。

什么环境让你心存欢喜？

- 安全、开放；
- 愉快、互信；
- 有明确的奖励和表彰机制。

什么事情让你避之不及？

- 依赖性很强的人；
- 争执。

你为团队带来的价值

你喜欢成为领导者。你以身作则，鼓励他人去发挥才能，而其他人也愿意寻求你的指导意见。

你愿意为自己说话，同时你也很乐于为他人代言。你友好的行为会激发自信和信任。因此，不难想象，你经常担当着团队发言人的角色。

当你成为大家关注的焦点时，你闪闪发光。但是，如果你预料到成为公众焦点会引发麻烦，那么你会有意躲开聚光灯的追踪。

面对某种情境，当你采用 IS 风格时，你会努力让情境变得愉悦。你会想方设法平息事态，而绝不会火上浇油。不管形势多么恶劣，你都会保持镇定，并愿意听从其他人的引导，只要他能帮助团队找到解决问题的方案。有时候，你会替其他人说话，说出他们的忧虑，你希望通过这种做法加强团队内部的互相理解。即使遇到让人怒发冲冠的情境，你仍然可以用平静、舒缓的方式帮助团队控制情绪，从而寻找真正能够解决问题的策略。

容易遭人误解的地方

你看上去总是很友善，愿意配合他人，因此人们遇到事情时常会来征询你的建议。这对你来说当然没什么不好，但你并不想因为别人的问题而背上沉重的负担。虽然你很有潜力担任导师或教练，但你并不希望成为别人的私人顾问或心理医生。你很关注其他人的感受，但你不愿意花费大量的时间为他人担忧。

同样，你认为工作关系就是工作关系，你需要通过建立工作关系来发挥和扩大你的影响力。如果其他人把个人问题带到工作中来，你会感到不舒服。

发现你的行为模式

你是一个影响力的发言者，你可以站在自己的立场，也可以站在其他人的立场上为他们发言。但是，你不喜欢争论，所以你只讲那些安全的话题，那些不会引发争议的话题。有时候，这么做是明智的，但那些期望你为他们代言的人可能感到失望。他们甚至会认为你是一个靠不住的人，你的忠诚会受到质疑，事实是你不愿意引发冲突。

当然这对你不公平，因为你从来就没有想成为大家拥戴的"勇士"。但是，你必须警觉这种危险的存在。

需要与他人分享的信息

教练和顾问之间的界限并不清晰，他们的差异取决于你如何去画这条分界线。听从你的内心，慷慨地向人们提供你的建议和指导，采用专业的做法，千万不要讨论个人和家庭的问题。如果你是一位导师或经理，有时候你不得不去处理他人的个人问题，除非万不得已，否则不要触及这类话题。

不要让他人误以为你在任何时候都可以为他或团队代言，不要总是首当其冲地让自己处于问题的最前线。克制自己说话的冲动，不要对任何问题都发表看法，否则你会发现自己可能处于小人的包围之中。

虽然你从来不会羞于提起自己的需求，但如果你发现自己的言论有可能引发争执，你会及时止住话题。在有些情境下，当大家的意见出现分歧的时候，你最好向别人表明你不喜欢争辩的态度。你可以这么说："我有时候会制定不受人欢迎的决策，但我必须这么做。请问我能不能把您算作我的支持者？"

需要格外留意之处

清楚地让人们知道，你愿意成为一位教练或导师，但你不想成为心理医生。让人们知道你不喜欢硝烟弥漫的争论。按捺住自己的冲动，不要看到什么就评论什么。如果一旦你决定发言，那就要说到底，即使过程变得险峻你也不要中途逃跑。另外，你还需要让别人明白，你可以成为他们工作中的好朋友，但你能提供的友谊是有限度的。

走出困境

困境：有人把你当成了心理医生。

对策：你不是一个对别人漠不关心、以自己为中心的人，但你并不想为别人的问题所拖累。一种方法是清楚地告诉别人你很高兴担当别人的导师，但你不想介入个人问题。另一种方法是花费一点时间去听别人诉苦。如果你可以为他人提供意见，这很好。如果不能，那也不是你的问题，也不是你的责任。能够倾听别人诉苦已经是你的贡献了。

困境：一旦遇到阻力，你就不再坚持自己的观点，这让那些信任你的人感到失望。

对策：下次当你准备投入一场争论之前，一定要考虑清楚。一旦开始，你就要持久、深入地继续下去。

你的底线

你发现让人们聚拢在你的周围很容易，也很自然。但现实情况是，你很有兴趣组建团体，但你没有太多的兴趣为这个团体提供服务。这种行为的危害就是其他人会感到被你忽悠、受你蒙骗，因而对你产生失望。

你是一个天生的导师，但是，再重申一次，一定要说明你能提供帮助的范围。

外向、快乐、愿意协作，因此你给团队增添了很多积极的能量。不要让人们对你不能提供的帮助产生不切实际的期望。

DC 型在工作中

有时候，你需要清晰地提醒团队当前所处的形势，这是一种能力，也正是 IS 型风格的优势。

菲利普在东南地区的一家小型软件公司担任销售经理，这家公司刚刚遭遇了一次不小的打击。这家公司长期以来一直靠客户化的财务软件盈利，不久前，公司决定投入资金研发一款基于互联网的软件产品，大家都很看好这款新产品的前景。到目前为止，公司已经为产品开发投入了大量的资金、人力和时间。就在产品计划发布的前几天，另一家公司高调推出了一款类似的产品，不仅价格低廉，而且功能更为优良。

菲利普走进了会议室，总裁正在对项目进行总结和反思。不久，会议室里便充满了争吵和指责的声音。

菲利普不想介入争执，但他对当前情境有自己的看法。尽管现场气氛让他感到极度不适，但他还是决定把自己的想法说出来。

"我不想此刻再给大家添乱，这是一件我们谁都不愿看到的事情。我本来还期望好好销售一下这款产品。

"但是，我们期望的事情没有发生。所以，我们不妨把这件事情放在一边，再回到已经和我们朝夕相伴了五年的老产品。到目前为止，还没有哪家公司可以用我们的价格销售这款客户化的产品，这一直是我们的竞争优势。新的机会没有给我们带来预期的结果，所以随它去吧。大家不要忘记我们还有我们非常擅长的老产品。

"如果有新产品当然好，但没有也不会造成多大的麻烦。我很高兴明天去向我们的老客户汤姆森财务公司介绍我们老产品的新版本。另外，我们还会卖给他们 20 个新的安装版本。之后，我还会去另一个老客户那里。

"让我们放下包袱，回到我们最擅长的领域，继续巩固我们的地位，我们一定会做得越来越好。"

菲利普的发言可以让参加会议的人们马上就变得兴高采烈吗？当然不会。但他的发言让人们恢复了平静。该下班的时候下班，该上班的时候上班，人们又恢复了以往愉快的协作。

IC 型风格：机智圆滑、遵纪守法

IC 型风格取决于你在特定情境下关注的是人还是事。当你更加关注人的时候，你表现得很自信、很敏感、很圆滑。当你关注的是事的时候，你非常善于观察，而且很注重细节。

发现你的行为模式

不管更为关注的是人还是事,其中都有一个共同的特点,就是可靠性。不论是需要发挥人际技能,还是需要交付高质量的成果,你都能应对自如。

你为团队带来的价值

你与其他人相处非常融洽,灵活性是你最大的优势。你从不抱怨,乐于贡献。当团队需要交付高质量的成果时,可以委派你来完成这项任务,你一定能满足最高的质量要求。你既注重人际关系又注重交付质量,你的这种综合优势很快就会让你成为团队中的 MVP(最有价值的成员)。

容易遭人误解的地方

你平时表现得总是很善解人意,有一天,当你突然开始关注任务的时候,别人会觉得你怎么突然翻脸不认人了。确实是这样,当你把注意力放在任务上时,你非常挑剔,但这只是因为你关注任务,并不是因为你不再关注人际关系。

IC 型

什么让你精神鼓舞?

- 既需要独立工作,又需要与他人协作;
- 准确度和质量被格外看重。

什么让你心灰意懒？

- 你的工作做得非常好，但无人赏识；
- 没有机会独立负责一个项目；
- 被人利用；
- 不得不忍受劣质工作。

什么环境让你心存欢喜？

- 成员之间互相信任，并且忠诚于组织；
- 高质量和完美的理念；
- 经常能听到感谢和表扬；
- 团队高效且灵活。

什么事情让你避之不及？

- 风险；
- 没有事先分析就采取行动；
- 突如其来的变更；
- 争论。

人们会误解你应对变革的态度。你不喜欢风险，你认为在采取行动之前，必须对情境进行仔细谨慎的分析。但是对别人提出新观点你会持包容态度，这超出了人们对你的想象。你不反对尝试新观点，但你不会主动发起变革，而当变革真的到来的时候，你会表现出很好的适应能力。在创新方面，你经常会想到一些好点子，并且会向团队宣讲。对于一场变革来说，发起者至关重要，你经常充当变革的推动者，

发现你的行为模式

你的作用同样也不可小觑,但变革成功之后,人们经常把赞赏的目光投给发起者,而忽视了像你这样的推动者。

你看上去很快乐,很值得信赖,对来自他人的表扬你显得无所谓。但事实上,你需要他人的表扬和肯定。你给团队带来了无穷的温暖,虽然你并不苛求人们的赞誉,但如果你的贡献总是得不到肯定,迟早会感到心灰意懒。

需要与他人分享的信息

当你完成了一项让自己引以为豪的工作时,不妨大方地询问其他人的反馈。这并不是强迫同事表扬你,只是给他们一个表扬的机会。表扬会让每个人精神鼓舞、意气风发。

当你对某种情境非常不满时,你通常采取的方式是默默祈祷,祈祷这种情境迅速变得好起来,但你不会说出自己的真实感受,因为你不喜欢争论。

面对不利情境,抱怨当然不是有效的做法,但是忍耐和等待呢?有时候你很难改变所处的情境,因此你只能选择等待。这没有什么不妥,但有一个很关键的问题是,需要等待多久?在等待的漫长过程中,你任人摆布、被人利用。虽然你内心很不高兴,虽然其他成员根本不忠于职守,但你仍然很忠诚、很努力。难道除了忍耐和等待,就没有别的办法了吗?

也许还有别的办法。利用你的优势,发挥你的热情和友善,把自己的观点和要求表达出来,因为这么做,不仅是出于对自身利益的考虑，更是为了团队大局的利益。因此，遇到这种情况的时候，主动一些，你会收到意想不到的效果。

需要格外留意之处

不要让其他人随便地给你贴上一个标签，说你是"人际型"或"任务型"的人。你有能力独立完成工作，你关注细节，但这并不意味着你不善于与客户、投资者或公众建立关系。你自信、外向，因此不要让你的职业生涯在办公室度过。

但是，如果你一味地表现你在人际关系方面的强势，你的领导可能只会给你委派一些需要与人打交道的工作，而这又浪费了你的另一部分才能，因为你还具备独立完成任务的能力。

你理想中的工作既需要独立工作，又需要与人打交道。这样的工作机会并不多见，因此你的才华可能被忽视和浪费。

走出困境

困境：目前的工作无法发挥你在人际关系方面的优势。

对策：你可以直接告诉同事你具备优秀的人际关系技能，但更为有效的方式就是在他们面前直接展示你在这方面的能力。找一个你擅长的主题，主动发起一个研讨会，或者主动给同事做一个非正式的午间培训。另外，你还可以寻找各种机会（如公司年会、慈善活动等），让人们知道你除了工作干得漂亮之外，与人打交道你也很有一套。

困境：你总是采取忍耐的策略，等着事情自己变好。

发现你的行为模式

对策：发挥你热情和友善的特点，大胆地表露你的观点和需求，这不仅是为了你的利益，更是为了团队的利益。

你的底线

虽然你要求自己的工作尽善尽美，但你不会把自己的标准强加于别人，因此你不会曲高和寡。你的适应能力很强，你的做事风格很有弹性，因此同事与你相处会感到非常愉快，而且非常有意义。但是，要记住，你的弹性是有限度的，如果拉得太狠、太快、太频繁，再好的弓也会折断。

IC 型在工作中

以下的故事有一个快乐的结尾。

艾利对电子产品非常感兴趣。当他还是个孩子的时候，他就经常鼓捣收音机。高中毕业之后，他上了一所技校。之后，他在一家办公设备公司工作，担任某个地区的技术代表，经常去客户现场，为客户修理复印机或其他办公设备。

他的老板经常能听到客户对艾利的表扬。客户认为艾利非常友好，很容易沟通。一个客户曾经说："艾利和其他的技术人员真的不一样。"

自己的工作得到了客户的认可，艾利感到很高兴。但是，随着工作经历的增长，艾利慢慢体会到，现在的这份工作不能给予他想要的一切。于是，他决定和老板谈谈。听了艾利的想法，老板准备给艾利一个升迁的机会，让他担任中层管理职务。艾利知道升迁是通向成功的一条渠道，但如果担任了中层职务，他就不能再亲手去修理那些机器了，他不得不和他最喜爱的工作道别。

艾利的犹豫不决让老板很困惑。于是，他问艾利到底想要什么。

艾利说："也许我想要的太多了。我真的特别喜欢解决技术问题，修理那些坏了的设备。但是，我也喜欢和人打交道。事实上，我以前接到客服电话时，最让我激动的就是向客户详细解释这些办公设备的工作原理。我会把这些设备的工作原理向客户讲解得一清二楚。这些大型彩色打印机对于有些客户来说非常复杂，我喜欢通过讲解把这些复杂机器简简单单地呈现在客户面前。"

艾利的老板有了主意，他拨打了好几个电话，几天后，他把艾利叫到了办公室。

"你喜不喜欢去培训那些客户代表？这里有一个培训教练的职位，既需要你亲手操作那些机器，又需要你面对面地和学员们进行沟通。有时候，如果我们的工程师要开发出新的机型，你还需要和这些工程师一起工作。"

是的，这就是艾利梦寐以求的工作。

SC 型风格：令人尊重、喜欢精确

如果你在 S 和 C 两个维度的得分都达到或超过了 44 分，那么说明在选定的情境中，你既关注人也关注任务。你是一个令人尊敬的人，因为你愿意为他人提供支持，而且你时刻提醒自己不要成为问题或冲

发现你的行为模式

突的起源。与你共事的人，包括你的老板经常会来找你，向你诉说他们的心事，因为你很愿意倾听，富有同情心，而且你会向他们提供真诚的建议。

你为他人提供的支持令人尊敬，而且为团队带来了很大的价值。但是，就像支撑大楼的地基一样，你的贡献位于地表之下，经常被人们忽视。对于你来说，这也没什么，你本来就不愿意成为众人关注的中心。

你为团队带来的价值

你愿意为团队活动提供坚实的支持，团队的以下行为会得到你的支持：

- 定义明确的目标和方向；
- 定义明确的标准和期望；
- 留出足够的时间用于计划和分析。

相反，团队的以下行为不会得到你的支持：

- 紧急任务；
- 冲动行为；
- 不关心任务对人造成的影响；
- 方向不清晰；
- 工作描述和绩效标准定义得不严谨；
- 团队中盲目的兴奋情绪。

多维度 DiSC 风格

SC 型

什么让你精神鼓舞？

- 有充足的时间对问题进行周密的分析；
- 充分考虑他人的时间和担忧；
- 清楚的、有意义的、具体的指导。

什么让你心灰意懒？

- 紧急任务；
- 不关心任务对人造成的影响；
- 方向不清晰。

什么环境让你心存欢喜？

- 稳定；
- 清晰的方向和目标；
- 清晰定义的期望和标准。

什么事情让你避之不及？

- 成为大家关注的中心；
- 被迫说出自己的想法和感觉；
- 紧急项目；
- 快速决策；
- 出乎意料的事情。

你带给团队的稳定感觉也会延伸到人与人的关系上。你回避冲突，

发现你的行为模式

甚至会帮助其他人回避冲突。因为你希望搞清楚隐藏在冲突背后的具体问题，因此你很善于事前对冲突进行预防和规避。有时候，你也会介入冲突，但你会采取一种非常稳妥且安全的方式。

容易遭人误解的地方

你很安静，而且很享受远离聚光灯的感觉，但这种风格会让别人忽视你的价值。你善于冷静分析，这个特点对团队非常有价值，但如果你不把分析结果说出来，那么就不会产生任何意义。你总保持安静，所以其他人会低估你的能力。人们会以为你沉默是因为你没有意见要发表，因此，慢慢地人们就不再征询你的意见，即使你的意见可能很有价值。

需要与他人分享的信息

建议你把自己的想法分享给其他人，你一定会从中受益。不善言谈是你的一种本性，但要努力去克服它，因为这么做完全值得。

告诉别人你不喜欢应对那些交付日期非常急迫的任务，你也不喜欢匆匆忙忙仓促做决策。建议你主动和其他人进行讨论，从而争取足够的工作时间，以确保工作结果既能让自己满意，也能让团队满意。

在项目开始的时候，你要主动提议让大家花时间讨论项目方向、项目目标、进度里程碑及评价标准。你需要清楚地知道自己是否适合这个项目。通常来说，在项目早期及项目进展过程中，你获取的信息越多，你对项目的胜任能力就越有信心。

最后，你一定要清楚，如果你总保持沉默，没有人可以猜到你在想什么，他们甚至会认为你缺乏知识。这不仅会影响你的职业发展，也会削弱你所在团队的整体实力。因此，你要努力改善这种情况，把自己的想法说出来。

需要格外留意之处

如果时间宽裕，追求完美是一件很重要的事情。但当时间很紧急，而且相关人有一定容错能力和风险承受能力时，一味地追求完美反而会引发问题。有时候，追求完美甚至会毁掉到手的成功，因为在追求完美的过程中，组织可能错失市场良机，因而那些急于采取行动的人也会对你这种不紧不慢的做法失去耐心。

当时间宽裕的时候，你可以对问题进行仔细、周密的考虑和分析，因为这样做可以产生有价值的想法和解决方案。当时间仓促而需要马上做出决策时，你完全可以依赖自己的经验。虽然没有时间对问题或危机进行仔细的审查，但你可以参考以前自己经历过的类似的情境。温故而知新，以往的经历可以丰富你的见地，而当前的问题可以检验你的见地。充分利用自己的经验，最大限度地降低行动方案中的风险。

走出困境

困境：你参与的项目中，不确定性实在太高了。

对策：可以考虑在每个项目开始的时候召开一次启动会议，并且

发现你的行为模式

为这个会议准备一个简单的表格，在表格中写上项目的主要要求，包括技术规范、成本、交付期限、进度、评估标准等。在每项要求后面都留出空白。开会的时候让大家轮流传阅这张表格，并把要求后面的空格填上。通过这种方式，可以提升大家对项目的关注度，而且就项目的主要参数形成了书面记录。

困境：没有时间对问题进行完整的分析。

对策：当时间紧迫需要快速决策的时候，承担一定的风险是必需的。充分利用你以往的经验，贡献你的看法和解决方案。

困境：没有人询问你的看法。

对策：如果你的看法对形势有所帮助，不妨主动说出来，不要非等其他人来征求你的看法。

你的底线

虽然你说话不多，但遇到问题时，其他人还是会来主动寻求你的建议，并且希望你能帮助他们解决问题。"才大者不动声色"，这句话最适合你。当其他人如热锅上的蚂蚁时，你冷静地站在一旁，仔细分析问题，努力寻求解决方案，因此，你是整个团队的依靠。

你应当充分发挥自己的作用，你无疑是团队中最有价值的成员之一。但是，在这个瞬息万变的数字时代，很多情况下都需要快速的解决方案，因此，你谨慎、保守的做法有时不能满足形势的需要，会导致一部分人对你不满，从而影响你的情绪。但是，你没有必要放弃自己的做法。主动发表自己的看法，甚至主动发起讨论。当团队需要快速决策时,你仍然要让人们知道,迅速行动固然重要,但是方向必须正确,否则只是徒劳无功。你认真谨慎的风格可以帮助团队在紧急时刻做出正确的选择。有一点你要注意,并不是所有的事情都要追求尽善尽美,有时候迫于时间压力,人们需要承担一定程度的风险。虽然这种情况会让你感到忧虑和不安,但这是经常会遇到的客观事实。

SC型在工作中

一位管理顾问告诉我,她正在为硅谷的一家公司服务,这家公司组建了一个项目团队,准备开发一套人力资源管理软件。

她说:"我进入这个项目团队的时候,团队已经在一起工作了9个月,项目的总工期一共是18个月,9个月的时间团队什么成果都没有交付出来。这个项目的客户同意在他们那里进行软件的第一次试用。但直到现在为止,项目团队连软件的最终功能都不确定,更不用提测试和交付了。

"管理层让我加入这个团队的目的是让我处理团队内部的冲突。我上任后,首先让所有的团队成员都使用DiSC工具评估自己的风格。团队一共19个人,其中18个人是单纯的D型风格或包含D型的多维度混合风格,只有一位成员是SC型风格。"

D型风格的人在沟通时总是非常强势,他们在讨论问题时,听上去好像在吵架,但事实上他们只是说话的方式比较强势而已。

我为这个团队设置了解决冲突的培训课程。在第一天的课程中,SC型风格的那位女士数次离开教室,但过一段时间她都会返回来。在

发现你的行为模式

第二天的课程中，我们识别了团队面临的最大问题，团队中的每个人都希望把自己的想法包含在软件功能中，也都希望自己来决定测试的时间和地点。没有人愿意让步，哪怕是一小步。在团队组建后的 9 个月的时间内，这个团队做的唯一的工作就是不停地争吵。

在第二天的课程中，团队成员仍然按照他们以往的工作方式开始争论，人人坚持自己的观点，都希望别人能听从自己的意见，而对其他人的观点则保持坚决的排斥态度。

突然，那位 SC 型风格的女士站了起来。等了一会儿，会议室中的其他人才意识到有人在站着。

当这位女士看到其他人开始关注她时，她开始说话了，她的神态看似很淡定，但你能感觉她的声音在发抖。她说："不知道各位有没有注意到我每次都会参加会议，但每次我都不发言。我为什么还要继续留在这个团队？因为我是一位系统工程师，我很清楚我们现在开发的系统比以前的系统更为先进。但是，没有人征求我的意见，即使我想主动提出自己的意见，也没有人愿意听。不知道你们注意到没有，在这两天的培训中，我离开过会议室好几次。"有几个人点了点头，但大部分人没有反应。

"我每次离开会议室，都是因为我无法忍受会议室中的紧张气氛，我无法面对这种剑拔弩张的局面。昨天，我有两次离开了会议室，我去了卫生间，因为我感到胸闷、恶心、想要呕吐。

"但在昨天晚上，我做了一个决定。这个决定就是要么我继续留在这个团队，要么离开。我把我的要求写了下来，如果能得到这些东西，我就留下来，如果得不到，我就选择离开，因为我实在无法忍受了。

"我的要求包括：第一，我希望得到认可，我希望大家能倾听我的意见，我希望我也能参与到项目中；第二，我不希望通过斗争的方式来获得自己的'地盘'；第三，我希望为团队做贡献，但我希望做贡献的过程不要让人如此痛苦。如果这些要求不能满足，我宁愿离开这个项目。"

形势有了戏剧化的转变。所有的人都冷静下来，他们开始考虑自己的行为对别人产生的影响。在那一刻，他们总算意识到，为什么团队很努力，但项目没有任何进展。以前，他们每个人的格言都是"要么听我的，要么走人"，现在他们开始反思这种做法的后果。同样重要的是，他们从来没有认识到在他们的团队中，其他人想要做点贡献竟然这么困难。没有人故意设置"篱笆"拒绝他人参与项目工作，但风格的不同很有可能把一部分人挡在项目之外。

在这次的反思之后，每个人都发生了转变，他们不再那么固执了，开始对自己的风格进行适应性的调整。结果怎么样？那位女士没有离开这个团队，项目团队也回到了正轨。他们没有创造奇迹，延误的9个月工期无法追回，但项目产品最终得以交付，一场项目灾难就此避免了。

DIS 型风格：心情愉快、乐于投入

在你选定的情境下，如果你在 D、I 和 S 三个维度的得分都达

到或超过了 44 分,那么你的风格中有支配型、影响型和支持型的因素。

如果你的风格是 DIS 型,对于你所处的情境,你的感觉是舒适且满意,因为你有机会展示你友好和乐于助人的一面,而且别人对你的感激和欣赏之情让你很享受。

在这种情境中,你是一个行动者。你的行动让你成为大家关注的焦点,你喜欢这种感觉,因为你愿意扮演领导者的角色。

如果让你和团队一起工作,而且需要你来激励和带动团队,那么你会感到意气风发。你喜欢在工作中寻找乐趣,在大多数情况下,工作让你悠然自得,你是一个快乐的人!

某些特殊情境可能引起你的不快,比如,一些需要高度关注细节的工作可能让你失去耐心;长时间的独立工作会影响你发挥真正水平,因为你喜欢和人打交道;如果你的贡献得不到公开承认,或者人们之间缺少关心,将导致你对工作环境失去信心。

你为团队带来的价值

当你采取 DIS 型风格时,你的热情会感染周围的人。当其他人看到你正在快乐地朝着目标前进时,他们也会被你感染,从而也会随同你一起追随共同的目标。其他人愿意以你为榜样,而你也愿意扮演榜样的角色。

多维度 DiSC 风格

DIS 型

什么让你精神鼓舞？

- 前景乐观；
- 工作有趣；
- 需要你去鼓舞团队；
- 你的贡献被认可。

什么让你心灰意懒？

- 详细的任务；
- 人与人之间缺少欣赏和关心；
- 没有机会与他人协作。

什么环境让你心存欢喜？

- 与他人协作，拥有共同目标；
- 高度透明；
- 工作让你悠然自得；
- 积极的态度；
- 人们会对成功进行奖励和庆贺。

什么事情让你避之不及？

- 详细、琐碎的任务；
- 被孤立；
- 消极情绪蔓延。

发现你的行为模式

陷入逆境时，人们会来找你，希望你给他们鼓励，因为你的乐观主义无处不在。在任何情况下，你总是看到积极的一面，你总能从工作中发现乐趣。

容易遭人误解的地方

想要恨你不容易，但并不是没可能！

也许有人会嫉妒甚至憎恨你超高的人气；你很友善，你真心想帮助别人，但有人会认为你这么做是想获得更多的权力；面对目标，你充满热情和能量，因此有时候你会显得咄咄逼人。但是，由于你广受欢迎，而且很有影响力，所以那些不喜欢你的人形不成什么气候。即使有人恨你，也只能在暗中发狠，因此你要小心有人背后给你使坏。

还有一个需要谨慎的地方，因为你总是躲避那些琐碎的工作，因此很容易招到其他人的埋怨，因为他们总是在干那些琐碎的工作，而你却总在干风光的工作。

最后一点，虽然你的乐观主义精神对团队很有价值，但有些人会认为你是一个盲目乐观的人，他们觉得你的乐观是一种习惯性的、不经思考的、不切实际的乐观，因此他们可能对你的判断持怀疑的态度。

需要与他人分享的信息

你应该清晰地向团队解释清楚实现目标的重要性。抓住每个机会，告诉人们你会不遗余力地致力于团队目标的实现。

在分配任务的时候，你可以向人们解释一下你不善于管理细节。

所以，申请一些适合你的任务。同时，也要自愿承担一些日常的琐碎工作，让人们知道你也愿意参与这些工作。

需要格外留意之处

像前面指出的那样，有些人认为你乐于助人是为了获取更多的权力和影响力。所以，他们可能讨厌你，暗中给你使绊子，甚至在你毫无防备之时攻击你。

很多细致、枯燥的任务都需要比较长时间的独立工作，而这都不是你擅长的领域。

如果你总想着如何帮助其他人，那么你很可能失去对自己的关注，因而在应对一些复杂、细致的问题时你会显得力不从心。试图帮助每个人，最后你自己会心力交瘁。

走出困境

困境：你被要求独立完成一项工作。

对策：如果遇到这种情况，你可以主动在工作日程中增添一些社交环节。比如，可以在咖啡间等人多的地方休息一下，有计划地和同事共进早餐或午餐。同事间的友情对你来说很重要，为什么要拒绝这样的机会呢？放松一下，重新回到工作岗位后你会觉得神清气爽，你会更加专注地投入你工作中。

困境：你总是找借口逃避那些日常琐碎的工作。

对策：轮到你做什么你就做什么，让团队其他人看到，你是个公正的人。

困境：最近的工作一点乐趣都没有。

对策：要认识到，乐观的前景很重要，但不能要求工作的过程都充满乐趣。当然你可以主动策划一些有趣的事情，如让那些不能按时交工的员工在聚会上表演节目。

困境：你感到筋疲力尽。

对策：你是不是花费了太多的精力来鼓励他人？你是不是在项目中投入了太多的精力？你是不是很久没有犒劳自己了？

你的底线

那些枯燥、需要孤军作战的工作不适合你。但事实是，每项任务中都免不了会包含一些让你觉得烦躁和压抑的工作。拿出你的乐观主义精神来，为你的工作增加一些正面的能量，战胜自己的沮丧情绪，同时也点燃其他成员的热情。

记住，你的热情和能量并非取之不尽、用之不竭，你不可能让事事顺意、时时顺利、人人满意。为别人加油打气很重要，但要适可而止，不要投入过了头。

DIS 型在工作中

萨利是历史系的研究生，目前在州历史协会兼职。协会的员工不多，但他们却运营着一份广受欢迎的历史杂志，这份杂志在全州有 7 500 多个读者。每次杂志总是赶着最后期限仓促出版，为此，员工们经常通宵加班，完成杂志内容的最后定稿和编排。杂志从印刷厂取回来后，员工们开始马不停蹄地把杂志邮寄出去。为了省钱，员工们自己进行邮件的封装和标签工作，他们就在历史协会的后院里完成这些工作。他们只有一台计算机，用这台计算机完成杂志的排版工作，同时也用这台计算机打印7 500个写有读者地址的标签，并且按照邮政编码进行排序和分类，邮局要求他们这么做，目的是方便批量邮递。

萨利的学术能力很强，但其实她更适合在教室里教书，因为她乐于帮助其他人学习。在历史协会，她度过的最高兴的时光就是和团队成员一起开会，讨论哪篇稿子应该发表，哪篇稿子还需要作者再次加工，而哪些稿子最好直接扔到废纸篓中。萨利喜欢和作者交谈，或者书信来往，她把那些最基本、琐碎的编辑工作留给了别人，如纠正语法、检查拼写、验证引用资源的准确性等。

和其他人一样，她也会做一些琐碎的工作，如封装杂志、贴地址标签等。虽然她不喜欢这项工作，但这项工作可以增进她与同事之间的感情，她喜欢和人们一起工作，因此她对这项工作也就逐渐容忍了。

但是，灾难还是发生了。计算机硬盘出了问题，那个管理着邮件地址的数据库被破坏了。虽然有一个备份数据，但里面都是过期的信息。团队成员凑在一起寻找对策，但实在找不到好的方法，只能使用旧的备份数据来打印邮寄地址，之后通过手工修改，慢慢更新数据库。这将是一项非常烦琐、枯燥且耗时耗力的任务。即使所有的人都加班，也需要整整一个通宵。

"这个工作太要命了。"主编说。

起初，萨利也感到很沮丧，因为她已经把下班后的时间安排好了。但是主编的话一直在她的脑海中盘旋"这个工作太要命了"。接下来，萨利就不由自主地在想，我一定要设法让这项工作变得有趣一些。

她找了一顶帽子，然后开始募捐，最后收集到了购买一顿比萨晚餐的现金。

这时候有人说："我们家有一台古老的唱片机和一大堆 20 世纪 60 年代的唱片。"

"太好了，给你 20 分钟，回家去取吧。"萨利高兴地说。

IDC 型风格：自信十足、办事果断

如果在某种情境下，你表现的是 IDC 型风格，那么你的风格中就融合了三个因素：影响型、支配型和尽责型。

你对所处的情境有一种强烈而持续的控制欲，当然你也愿意为之负责。你认为在当前情境下你必须采取行动，你不仅有明确的行动计划，而且你有充分的信心来应对行动过程中遇到的困难。你一旦开始行动，就义无反顾，没有任何人或任何事可以阻挡你前进的步伐。在你执行行动计划的过程中，如果有人提出要你提供帮助，你也会毫不犹豫地向他们伸出援助之手。"赠人玫瑰，手留余香"，你会从帮助他

人的过程中获得自我激励。

你为团队带来的价值

那些极具挑战性的项目会让你很兴奋。因为你喜欢接受挑战，而且你愿意帮助他人应对挑战。你很有领导才能，不仅能够清晰地定义目标，而且能够制订清晰的行动计划。通常你是第一个发现变革契机的人，而且你愿意引领大家完成变革。

你的风格中具有支配型（D）和影响型（I）的因素，因而你非常关注全局蓝图；同时还有强烈的尽责型（C）的一面，因而你又特别关注重要细节。IDC型风格的人不仅可以识别并理解所遇到的大问题，同时他还可以亲自处理一些具体的细节工作。

对发生在自己周围的事情能够用心观察和体会，同时又有自己的明确的意见，因此，IDC型风格的人讲话的时候总是充满自信、充满能量，而且遣词造句非常直白。IDC型风格的人坚强有力、善于言辞，能够深刻体会现实情境，因而对于任何团队来说都是非常有价值的。

容易遭人误解的地方

你很强势，你表现出的自信、果断和直白很容易被人误解为傲慢、暴躁和缺乏关爱。

发现你的行为模式

IDC 型

什么让你精神鼓舞？

- 承担责任；
- 接受新的挑战；
- 寻找解决方案。

什么让你心灰意懒？

- 授权不足；
- 不能开诚布公地处理问题；
- 与那些不关心质量、不在乎事情做得对不对的人共事。

什么环境让你心存欢喜？

- 具有挑战的项目；
- 帮助他人实现清晰定义的目标。

什么事情让你避之不及？

- 考虑事情不深入；
- 与工作散漫的人共事；
- 你的观点和判断受到质疑。

需要与他人分享的信息

是的，你很强势。因此，你不妨向大家坦白，你可以这么说："有时候我在工作上太强势了，但是，我不是针对个人的，我的做事风格可能和大伙儿不一样。"通过这些沟通，让其他人知道你在某些情境下可能采取的行事风格，他们也许会理解你，并且有可能变得喜欢你。

如果你能够清楚地告诉别人，你只是想为所有人创造一种轻松、愉快的工作氛围，那么别人就不会认为你很傲慢了。同时，别忘了继续强调你追求质量和优秀的坚定信念。

你需要花时间去倾听其他人的看法并展开讨论。

需要格外留意之处

你喜欢快速行动。在很多情境下，这是一件好事情。但如果条件许可，你可以多花一些时间，你多花的时间肯定会得到回报。

- 如果在制定决策时你肯多花点时间，那么你会发现其他人的意见也许更有道理；
- 如果你肯多花时间独处，那么你可以对行动计划进行更周全和细致的考虑；
- 如果把时间放得宽松一些，你可以把自己的方案更加仔细地和其他人进行沟通，并且邀请他们对方案进行分析，听取他们的分析意见；
- 如果时间宽裕，可以让那些动作没有你快的人赶上整体节奏。

走出困境

困境：你是领导者，但无人跟从。

对策：不是每个人都能像你那样快速地适应变革和奔向目标。所以，请你不时地回头看看你的团队，不要让那些动作慢的人掉队。

困境：那些持有不同见地的人拖慢了你的步伐。

对策：不要把这些人看成你的障碍，而要把他们看成你的潜在支持者。花时间倾听他们的声音，你有可能从中找到同盟。

困境：人们不愿意听你的意见。

对策：诚实是一种好品德，但有时候诚实会让对方感到不安。因此，如果你准备发表意见，最好先征得对方的同意。比如，你可以这么说："不知道你是否想听听我对这件事情的看法？""我想和你分享一下关于这个问题的一些看法，不知道是不是合适？"

你的底线

你会随时紧盯自己的最终目标，但同时你并未忽视为了实现目标而需要关注的那些海量的细节信息。你的这种双重优势非常难得，对于组织来说是无价之宝，尤其是面对周期长、复杂度高的大型项目时，你是组织非常信赖的骨干人才。在团队中，其他成员从你这里既可以得到有关宏观目标的信息，同时还可以依靠你对工作质量进行严格的把关。

IDC 型在工作中

莫莉喜欢担当负责人的角色。她目前负责客户支持部门的工作，他的老板给了她极高的评价，认为她在工作中展现了"超强的领导能力"。

"超强的领导能力",莫莉很喜欢这个说法。她很愿意培养自己的下属,对于那些看上去很有发展前途的员工,莫莉愿意担任他们的辅导员。但是,这一切导致了莫莉工作负荷很重,总是有无穷无尽的工作需要去处理。

不用解释,不用讨论,直接命令

一天,莫莉给她的员工写了一封邮件,告诉他们如何去处理故障设备的返修。客户希望公司直接更换有问题的设备,而不是去修理,即使有时候设备只是需要做一个很简单的维修。因此,客户支持部门面对的主要问题就是"如何说服客户放弃更换要求,选择维修方案"。

莫莉在她的邮件中对部门员工的工作进行了指导,她希望员工这样向客户解释:"我们送到工厂去修理的那些产品,在修理之后都经过了严格、全面的检查和测试,因此维修之后的产品不会有任何缺陷。事实上,经过修理的产品比直接更换的产品经过了更多的质量检验步骤。"

"更为严格、全面的检查和测试"成了说服客户的一个重要理由,莫莉迫切希望所有的客服代表能够真诚地向客户传递这个信息。她一直在思考一个问题:我怎样才能让客服代表们把这个信息给客户讲清楚,提升客户的满意度?

接着,她就想到了答案。

为了让客户信服这个理由,首先她需要让自己的员工信服这个理由。

因此，只是简单地把这封邮件发给员工，然后要求他们按照邮件中的意思把信息传递给客户并说服客户相信，这种方法能奏效吗？

当然，她也可以就这么做。但是，莫莉意识到，只是简单地告诉员工说什么、怎么说并不是最好的方案，最好的方案是在这件事情上能得到所有人的真心支持。如何才能得到大家的真心支持呢？只有让他们参与到整个行动方案的规划当中。因此，莫莉决定把已经写好的这封邮件暂时放在一边，马上召集一次全员会议。她请这些客户代表们群策群力一起去思考如何说服客户接受修理而不是更换的解决方案。

会议最后讨论的结果和莫莉在信中写的几乎一模一样，但这两种方案之间存在着本质的区别：目前的解决方案出自需要使用这个方案的所有员工，莫莉邮件中的方案却出自那个"强势的"老板。这样一个过程无疑需要花费更多的时间，而且也极大地挑战了莫莉的耐心，但是，面对这样重要的客服案例，莫莉和她的团队完全值得花费更多的时间，让每个参与者都充分发挥主观能动性。

DSC 型风格：认真负责、追求精确

面对某种情境，如果你在 D、S 和 C 三个维度得分都达到或超过了 44 分，那么说明你是 DSC 型风格，在这种风格中有支配型、支持型和尽责型的因素。

你认为自己所处的情境极具挑战性，但你同时认为当前的情境是

可以得到改善的。你不会放手任由事态发展，你希望自己能采取行动、改善局势。你很积极，并且有强烈的责任感，总是希望手头的工作能尽快完成，预定的目标能如期实现。你希望有机会能发挥自己的全部技能和经验，你愿意为结果承担个人责任。

那些常人认为非常艰难的情境，你从不畏惧，相反，你有一种勇于接受挑战的冲动。但是，如果遇到下列的这种情境时，你会感到心灰意懒，提不起精神：没有目标、目标不明确、多个目标自相矛盾；与你共事的人不重视细节、不推崇质量理念。

当你面对艰难的情境时，你想到的首先是建立流程和规则。在建立流程和规则的过程中，你使用客观的标准，获取大家的共同认可，你做事从来不会凭自己一时兴起。你关注流程，同时也关注个人的需求和贡献。

你为团队带来的价值

"把事情做好"，你对于这句话的定义是：推动事情顺利进行、成功实现目标，而且这种顺利和成功不仅针对你自己，而是针对情境中涉及的每个人。

当遇到需要特别关注的细节，而且不能容忍任何错误的情境时，人们会来找你。人们会把你看成专家，或者经验丰富的老兵，虽然有时候在某个领域你也是个新手，因为你可以快速、高效地从过去的工作中吸取经验教训，并且很自然地把这些知识应用到新的工作中。

发现你的行为模式

DSC 型

什么让你精神鼓舞？

- 需要改善情境以实现目标；
- 需要发挥你的技能和经验；
- 需要担负个人责任。

什么让你心灰意懒？

- 目标不清晰；
- 缺乏对细节的关注；
- 忽视质量。

什么环境让你心存欢喜？

- 清晰的规则和流程；
- 清晰地表达对工作的期望；
- 把工作做好是大家共同的目标。

什么事情让你避之不及？

- 你和其他人的目标和职责都没有清晰的定义；
- 制定重要决策时你被关在门外；
- 其他人对分配给他们的工作不负责；
- 冲突。

你对目标的清晰性和客观性有强烈的要求，这可以推动整个团队朝着具体的目标前进，同时，你也会启发团队持续评估甚至改进他们的目标和流程。

虽然你要求自己和团队其他成员在工作过程中要特别重视细节和精确性，但你的风格中有强烈的 S 型因素，因此你并不会沦为规章制度的"奴隶"，你会随时关注其他人的需求和感受。

容易遭人误解的地方

在你的风格中虽然有很强烈的 S 型（支持型）因素，但有时候你更加关注规章、制度和任务，而不是其他人对规章、制度及任务的感受。即使事实上你根本不是这么想的，但人们很有可能这么认为你。因为其他人能看到的是你对任务的关注，而无法猜测你的内心对他人的关心。如果这种情况发生，你和团队之间就很容易出现隔阂。

需要与他人分享的信息

你最需要告诉别人，无论对于你还是对于团队，定义清晰的目标和与之相关的行动方案非常重要。

当你采用 DSC 型风格时，你需要承担很多责任，有时候你会觉得所有的责任都落到了你一个的肩上。所以，你不仅要告诉其他人你是一个愿意承担责任的人，同时也要告诉大家你的角色和职责范围，合理地设置人们对你的期望。你可以主动邀请其他人给你提出坦诚的反馈意见。

虽然你并非一定要担任领导者的角色，但是你愿意承担责任，愿意参与决策过程。因此，不妨直接告诉其他人你的这种要求，提醒其

发现你的行为模式

他人在制定决策时来征询你的意见。

需要格外留意之处

很多时候，你承担了过多的责任。出现这个问题的原因包括：① 任何事情，你都认为只有自己是合适人选；② 你嫌麻烦，担心其他人参与进来之后，意见无法达成统一，你还需要付出更多的精力去处理人们之间的观点冲突；③ 你对于工作过于关注，因为忘了去邀请其他人的参与。不论是何种原因，一个人承担过多责任都是一种危险的行为，不仅对于你自己，还有团队。长此以往，团队其他成员会忽视你的存在，在制定重要决策时会忘记征询你的意见；而对于那些不能按期、高质地完成工作的同事，你也会心存不满。

你对问题保持高度的关注，这一点很有价值，但不要因此而压抑了自己支持型（S）的优点。让其他人也参与到你的工作中，你为他们提供支持，同时也邀请他们对你和你的工作提供支持。花时间思考一下如何利用他人的帮助，甚至可以直接和其他人进行讨论。这不仅可以把你从繁重紧张的工作中解放出来，而且还有助于与他人建立互助关系。让彼此都参与到对方的工作中，可以在团队中建立一种互敬互助的氛围，避免出现互相埋怨、互相指责的情境。

有时候你觉得自己完全有能力一个人把工作做好，这也许是事实。但你需要支持，支持并不一定是需要别人帮忙完成你的工作的一部分，支持也可能只是去征求其他人的意见，或者获取他人的认可和鼓励。你有高度的责任感，为自己建立了很高的绩效标准，因此你对自己的要求相当苛刻，而其他人对你的绩效评价更为客观，这种积极的反馈会让你沉重的工作变得轻松。

走出困境

困境：你感觉自己肩上的担子太重，就像背负着一座大山。

对策：让其他人了解你的需求和感受，学会拒绝他人。

困境：你对自己的要求过于苛刻。

对策：多听别人的反馈，别人的意见也许更加客观，可以帮助你舒缓压力。

困境：其他人不想花时间来讨论新项目的目标和要求。

对策：在项目启动之时，当你需要对项目的目标、规则和流程进行定义的时候，不要马上就说"我们准备建立怎样的流程"或"让我们来定一些基本原则吧"。你应该首先向其他人说明这个步骤的重要性，你可以这么说："如果我们能建立一些大家都认可的制度，那么我们工作起来一定会更加便利、更加快捷。"说话的时候，多用"我们"这个词。你要向大家传递一种信息：制度虽然重要，但制度是为人服务的，而不是相反的。

你的底线

你做事注重结果、很有系统性、很严谨，因此面对一个纷乱复杂、充满风险的情境，你可以让它变得有条不紊。当大家都在为项目的复杂性愁眉不展的时候，你已经开始采取行动，你把复杂的项目分解为

发现你的行为模式

一个个可以管理的小步骤。通过完成一个一个的小步骤，团队可以逐步实现预定的目标。在项目执行过程中，你非常关注工作细节，而细节正是决定项目成败的关键因素。

DSC 型风格既关注细节、追求卓越，同时还关注其他人的需求与感受，而且 DSC 型的人愿意把自己的想法说出来让其他人知道。记住：过于沉迷于独立工作，可能让你和团队之间产生隔阂。

DSC 型在工作中

那年春天，帕迪开始在一家百货公司的女式运动衣部门担任导购员。到了秋天，她的经理意识到帕迪确实是个人才。顾客们很喜欢帕迪，而且帕迪对商品陈设很有天赋，她只要对商品的摆放做一点小小的调整就会收到意想不到的效果。

因此，经理决定让帕迪承担更多的责任。当时运动配饰柜台的销售业绩是整个部门中最差的，经理把帕迪调到了配饰柜台。

"配饰品的销售情况比我们的预期目标差了很多。我希望你能帮助我，重新布置一下商品的陈设，我相信你在陈设方面的天赋一定会对销量有所改善。"

帕迪决定抓住这个机会。

"这个柜台的哪些东西可以改动？有没有什么规则？"

"没有规则。"经理说，"你觉得怎么合适就怎么来，你可以充分利用这个柜台的空间。对了，只要记住一点，我希望调整柜台的时间不要超过一天。"

帕迪兴奋地开始了她的工作。

她开始重新调整商品的位置，不停地移动，不停地调整，不停地审视着效果。

虽然这项工作很让帕迪兴奋，但是调来调去，帕迪总是感觉不太满意。

她的同事们走过来问："好了吗？"

"马上就好。"每次帕迪都这么回答。

但帕迪心里很担忧。随着下班时间的临近，经理也开始担心了，她甚至怀疑是不是不应该让帕迪这么折腾，怎么会花费这么长时间呢？这么一折腾，顾客全被赶走了。如果第二天还这么折腾，这生意还怎么做呢？下午4点，经理决定去找帕迪谈一谈，让她暂停手中的工作。正当经理走到配饰品柜台的时候，一位顾客也走到了柜台前，于是经理决定先等一等。

"劳驾？"那位顾客说。

"你好！"帕迪抬头看了一眼顾客，很有礼貌地说，虽然她内心有些生气，因为这位顾客打断了她手头的工作。但她还是走到顾客跟前，问："请问我能为你做点什么？"

"没有，我只是想说你们的柜台陈设非常好看，简直太完美了！"

帕迪愣了一下："真的吗？"她的语调里充满了惊讶。

"当然了，非常漂亮！"

那位顾客走远了。经理目睹了这一切，觉得是时候该提醒一下帕迪了："帕迪，很好，你的工作完成得很漂亮，柜台看上去很完美，你说呢？"

"是吗？刚才的那位女士说她很喜欢这种陈设。"

"那么你觉得呢？"

"我觉得还不够完美。"

"你觉得怎么才算'完美'呢？"

"我也不知道，我只是觉得……"

"帕迪，那位顾客喜欢现在的摆设。我在这个部门已经工作了六年，我以前还从来没有听到过顾客对我们的商品陈设说什么，不论是表扬还是批评。我们调整陈设就是想让我们的顾客满意，你已经做到这一点了，而且我也感到很满意。因此，我宣布我们的柜台调整工作正式结束，祝贺你！"

"但是……"

"帕迪，听顾客的，他们说了算。"

ISC 型风格：呼之即应、周到体贴

面对某种情境，如果你在 I、S、C 三个维度都得了高分，那么说明你的风格中有强烈的影响型、支持型和尽责型的因素。

ISC 型风格意味着，对你来说，最让你满意的是有机会参与到一个项目中，或者有机会对其他人提供帮助。互动对你很重要，如果没有互动，你会觉得工作很艰辛、很无趣。你愿意提供支持，你愿意把事情做得完美，你关注细节，因此与你共事的人会很欣赏你。

你不喜欢独立工作，你从来不把自己看作一个领导者。你喜欢幕后工作。你不喜欢成为舞台上的明星，但你希望参与制作团队，正是你们的幕后努力成就了舞台上的辉煌。

你为团队带来的价值

让你感到舒适的工作环境是：协作氛围浓厚，人们心情愉悦，彼此信任。如果处于这样一种工作环境中，你一定会是一个积极的贡献者。

在艰难时刻，你善于鼓励他人。在工作过程中你愿意考虑他人的建议、要求和期望。你明察秋毫，对任务细节非常关注。

当你采用 ISC 风格时，人们并不期望你承担领导者的角色，因此当你对某个问题大声发表自己的看法时，别人可能感到惊讶。但是，他们会倾听你的发言，因为他们知道你考虑问题总是很周全、细致。人们认为你的分析意见是值得听取的，你的口碑一直不错。

ISC 型

什么让你精神鼓舞？

- 与他人互动，为他人提供支持；
- 参与需要关注细节的工作；
- 你追求完美的态度得到赞赏。

什么让你心灰意懒？

- 需要你担负起领导他人的责任；

发现你的行为模式

- 独立工作；
- 不得不说出自己的需求和兴趣。

什么环境让你心存欢喜？

- 舒适、协作；
- 快乐、互信；
- 有机会鼓励他人。

什么事情让你避之不及？

- 为关键决策负责；
- 有风险；
- 没有时间独自对事情进行周到、全面的考虑。

容易遭人误解的地方

有些人可能觉得你优柔寡断。但事实上，你只是在决策之前，需要全面考虑方案的优缺点，但当你准备好之后，你会明确地做出决策。因此，你需要让其他人知道，你不希望在做决策的时候被人不停地催促。在制订项目进度计划的时候，记得为自己预留足够的时间。

需要与他人分享的信息

对你来说，与人分享信息并不是一件轻松的事情。你不善于谈论自己的需求和期望。因此，经常的情况是，你内心非常不爽，但表面上仍然显得友善、快乐。如果你的同事、下属或老板的做事方式让你感觉很不愉快，他们自己通常是不会察觉到的。

因此你非常有必要把那些对于你很重要的事情说出来。刚开始的时候，你可以尝试着从积极的方面说问题。比如，你可以告诉他人你对工作状况的感受：

- 你很高兴成为团队的一员；
- 能够做出自己的贡献你感觉很满意；
- 当团队成功的时候你感觉很快乐。

告诉其他人你愿意承担支持性的工作，否则其他人可能想当然地认为每个人都喜欢成为明星。在项目开始进行任务分配的时候，你可以主动要求承担支持性工作或幕后工作。由于你真心愿意承担这样的工作，其他人也会为此感到高兴。

需要格外留意之处

你不愿意制造冲突，但因此可能引发更大的冲突。如果你总屈从于环境，从不表现自己对环境的真实感受，早晚有一天你会感到挫伤和失望。挫伤和失望的情绪会破坏和谐的氛围。你认为把自己的想法说出来显得很自私，其实不然。如果你只是听从别人的决策并且盲目跟随别人的命令，从不提出反对意见，那么说明你没有坦诚地向团队贡献你的担忧和意见。

你对问题的分析意见会给团队带来好处，因为你是个很仔细的观察者，是一个很细致的分析家。

发现你的行为模式

当你发言的时候，记得一定要说事情，而不是说人。举个例子，皮特建议周五下午可以早点下班，但你觉得不妥，因为你记得本周初给一位客户邮寄了一个新产品，客户在安装的过程中可能打电话过来寻求支持。如果你想到这件事情仍旧保持沉默，那么一旦事情真的发生，客户会非常不满，非常失望，甚至可以说是你的行为造成了这种结果。但是，如果在皮特提出建议后你马上表示反对："皮特，你的主意行不通。"你有可能和皮特产生冲突，因为你的发言听上去有点像对皮特的人身攻击。因此，最好的方法是对事不对人："周二我们发出了一件产品，周五之前客户可能给我们打电话，也许他们在安装过程中会遇到什么问题。"不要直接说皮特错了，而是让团队包括皮特自己认识到他建议的方案可能存在问题。

第二个可能导致冲突的地方是你的节奏。你喜欢深思熟虑，只有对问题进行系统的分析之后，你才会开始考虑行动方案。因此，你很可能赶不上其他人的节奏，这可能让他们感到不悦。

走出困境

困境：老板认为你优柔寡断。

对策：其实你只是想对问题进行全面的分析，因此把你的工作方式告诉其他人，获取他们的理解。

困境：你很少发言。

对策：你的观点很有价值，主动和他人分享。

你的底线

团队成员都愿意与你共事,因为与你共事让人感觉很愉快。你愿意跟踪细节,你让每个人都充满力量。你考虑问题很周全,如果给你足够的时间,你会进行深入浅出的分析,给出极具价值的分析结果。

ISC 型在工作中

有时候,从老板那里最难得到的不是涨工资,而是时间,因为你需要时间对项目进行仔细的考虑和分析,然后才能得出你认为切实可行的行动计划。

汤姆是一位客服和销售领域的培训师,在接到新项目的时候,汤姆的惯常风格就是 ISC 型。他很为自己的风格骄傲,因为他知道如何有效地分配时间。我曾经问过他如何获取足够的时间,他向我介绍了以下的策略,这些策略帮助他成功地"买"到了他所需要的时间。

老板,即使最善解人意的老板,也不喜欢借口。因此当你向他提出延迟项目交付期限的时候,他认为你只是在找一大堆逃避责任的借口。

当然,有时候你可以设法让老板接受你的借口,但你永远没有办法让老板喜欢你的借口。因此,最好的方法就是不要寻找借口。相反,你可以把延迟交付期限看成"购买"时间,就像购买其他任何商品。在"购买"时间的时候,你谈判的功力将发挥很大的作用。

下面告诉你我是怎么做的。首先,我劝说老板"卖给"我更多的时间,作为交换,我可以在项目结束时交付更多的价值。例如,"要把这个项目考虑得更为周全，我需要增加一个星期的时间。我认为如果匆忙开始项目工作，到结束的时候忽然发现好几项工作都被漏掉了，这样的结果更加糟糕"。

我不是祈求，也不是道歉，更为重要的是，我不是在寻找借口。我只是要说清楚，额外的时间可以买来更好、更加令人满意的工作结果。

还有一个重要的步骤，就是要让你的老板随时了解项目的进展。一旦出现进度方面的问题要立即通知他。没有人喜欢被逼到墙角，因此不要等进度延误得无法收拾的时候再通知老板。随时让老板知道进度信息，让老板相信，虽然项目进度有所延误，但整个项目仍然在你的掌控之中。

在讨论方案的时候，要给老板提出尽可能多的选择，比如，"我可以在周三之前完成任务 X，周五之前完成任务 Y，下周早些时候完成任务 Z"，或者"如果我们把任务 X 延迟到下周，我就可以在规定时间内完成任务 Y 和任务 Z"。让老板有选择的机会，这样你才有机会得到你需要的时间。

还有一点很重要，你要让人相信增加时间只是对进度计划的一种调整，并不是出了什么危急状况。

有关 DiSC 的研究

在本书中，你使用 DiSC 个人评价体系对自己的行为模式进行了打分，当你这么做的时候，你已经加入了 Inscape 公司 DiSC 工具全球 4 000 万名使用者的行列。Inscape 公司的 DiSC 工具以威廉·莫尔顿·马斯顿博士 1928 年出版的《正常人的情绪》(*The Emotions of Normal People*) 一书为依据。马斯顿博士研究了人们对所处环境的反应方式，他分析的不仅是人们对环境的行为反应，而且分析了人们的行为跟随所处环境的变化而变化的系统模式。马斯顿博士希望通过分析研究，让人们更加了解自己，更加了解他人，从而减少人与人之间的误会。通过研究，马斯顿博士发现，某人对于环境的反应取决于此

发现你的行为模式

环境下这个人的两种感知，即对环境的感知与对自身的感知。这两种感知在人的内心相互影响，形成了一个人对于所处环境的行为模式。

支配型（D）——对环境的感知：认为所处环境是不利的。对自己的感知：认为自己比环境强势。这是支配型风格，这种风格的人总在试图改变、调整和控制所处的环境。

影响型（I）——对环境的感知：认为所处环境是有利的。对自己的感知：认为自己比环境强势。这是影响型风格，这种风格的人喜欢把自己的观点推销给他人，获得他人的拥戴。

支持型（S）——对环境的感知：认为所处环境是有利的。对自己的感知：认为自己比环境弱势。这是支持型风格，这种风格的人不会试图改变环境，仅在他人需要时提供支持。

尽责型（C）——对环境的感知：认为所处环境是不利的。对自己的感知：认为自己比环境弱势。这是尽责型风格，这种风格的人在目前环境下定义规则，努力跟随他人的领导。

对 DiSC 的持续研究

马斯顿博士在创建 DiSC 模型的时候，并没有开发一套与之配套的度量工具。30 多年来，Inscape 公司对 DiSC 原始理论进行了持续的研究和完善，期望提高 DiSC 理论的准确性，并最大限度地发挥这个理论的影响和作用。和我们最近发布的其他 DiSC 产品一样，本书中介绍的 DiSC 工具中参考了大量的后续研究成果。

当我们对一种工具展开调研时，需要考虑的首要事情是参与调研的人群的多样化。也就是要考虑调查的样本人群，样本人群决定了这个工具的适应性。如果参与调研的样本人群都是来自堪萨斯州的白人男性会计，那么这个工具将只适用于堪萨斯州的白人男性会计。Inscape公司所做的努力是让参与调研的样本足够多样化，可以代表各个年龄段、各个民族、各种职业及分布在全球不同地理位置的人们。也就是说，我们可以确保调查样本能够代表读者您，所以本书中所包含的工具和描述内容对您来说一定是有价值的。

调研时要考虑的第二件事是工具的可信度和有效性。可信度指的是度量结果（如对某个概念如"支配型风格"的度量）的可靠性、稳定性和一致性。DiSC工具调研结果的可信度通过克隆巴赫信度系数（Cronbach's alpha）的测算得以确定，在探索性研究中，可信度只要达到0.70就可被接受。本书中使用的DiSC工具的信度系数为0.77~0.85。

有效性是指模型是否能够真正度量它想要度量的东西。在创建问卷条目反馈模式时，我们非常重视对有效性的支持。DiSC工具的有效性经过了两种统计方法（因素分析法和多维度量表法）的分析，分析结果证明了工具的有效性。本书描述的各种反馈模式均来源于调研结果，因而真实记录了相似风格群体的真实行为特征，绝不是主观臆断的"合理猜测"。

Inscape公司的所有产品在创建和验证过程中都经过了合理的调研过程，这也是Inscape公司产品（包括DiSC工具）的一大特色。DiSC产品通过调研，获取了人们对所处情境的自然反应特征。在真实生活中，人们所遭遇的情境都不相同，随着情境的不同，人们的反应方式

发现你的行为模式

也不同。利用 DiSC 工具可以获得人们从一种情境转换到另一种情境时的反应方式的改变。因此，利用 DiSC 工具可以获得到参与调研的每个人在追随目标和自我解析过程中所有可能出现的行为特征。

DiSC 工具的正确使用

DiSC 工具适用于 18 岁及以上、希望更多了解自己的所有人。使用该工具需要较好的阅读水平，这样才能完整地理解工具表格中使用的句子及对每种风格的解释。

DiSC 工具的主要目的是为个人成长和自我发现提供帮助。我们相信"你是你自己的专家"。我们认为人们有能力设置自己的目标，指导自己的行为，并得到圆满的结果。我们建议读者在使用 DiSC 工具后，仔细阅读自己对应的风格的描述和解释。如果里面提供的信息对你有所帮助，我们鼓励你充分利用这些信息；如果其中有些信息对你没有帮助，那么请你忽略这些信息。

本书及书中介绍的工具不能成为精神健康服务的替代品。我们假设使用 DiSC 工具和完成 DiSC 评测的人们都处于精神健康的范畴，因为书中的内容并未包含应对典型情绪问题的指导。那些需要寻求精神健康咨询的人们应该从注册咨询师或医生那里获取帮助。

附加的 DiSC 表格

栏　　目	分　数	栏　　目	分　数
是一个好的倾听者		喜欢制定规则	
可以容忍自己不喜欢的事情		直接推动项目进展	
愿意听从命令		表现得很强势	
和他人相处融洽		有求胜欲	
做决策时总是替他人着想		是第一个采取行动的人	
愿意帮忙		不屈服	
能理解他人的感受		人们认为我非常强大	

发现你的行为模式

(续)

栏　　目	分　数	栏　　目	分　数
对他人很和善		对自己有把握	
热心肠		愿意负责	
让他人担任领导角色		喜欢采取行动	
不喜欢引发麻烦		行动迅速	
宽以待人		自己感觉很强大	
第一栏总分		第二栏总分	
减去	−1	加上	+2
得分	●	得分	■
喜欢做正确的事情		有各种各样的朋友	
喜欢用正确的方式做事		广受欢迎	
第一次就能把事情做对		喜欢与人见面	
只考虑有意义的事情		相处起来很有趣	
喜欢精确		用积极的心态看待事物	
与他人相处很害羞		感觉很满足	

附加的 DiSC 表格

(续)

栏　目	分　数	栏　目	分　数
善于分析事情		快乐、无忧无虑	
考虑事情很周全		善于活跃气氛、提高士气	
把事情都闷在心里		大部分时间都很放松	
考虑事情过于仔细		大部分时间都很快乐	
不喜欢被过分关注		与陌生人见面一点都不难为情	
在团队中说话不多		采用非常生动的沟通方式	
第三栏总分		第四栏总分	
加上	+0	减去	−2
得分	☾	得分	◆

© 2002 Inscape 公司版权所有。禁止以任何形式复制表中全部或部分内容。

反侵权盗版声明

电子工业出版社依法对本作品享有专有出版权。任何未经权利人书面许可,复制、销售或通过信息网络传播本作品的行为;歪曲、篡改、剽窃本作品的行为,均违反《中华人民共和国著作权法》,其行为人应承担相应的民事责任和行政责任,构成犯罪的,将被依法追究刑事责任。

为了维护市场秩序,保护权利人的合法权益,我社将依法查处和打击侵权盗版的单位和个人。欢迎社会各界人士积极举报侵权盗版行为,本社将奖励举报有功人员,并保证举报人的信息不被泄露。

举报电话:(010)88254396;(010)88258888
传　　真:(010)88254397
E-mail:　dbqq@phei.com.cn
通信地址:北京市万寿路 173 信箱
　　　　　电子工业出版社总编办公室
邮　　编:100036